Le dico
des
mots croisés

Du même auteur

Le Fantastique au cinéma
Jean-Jacques Pauvert, 1958

Les Grilles de Paris
Albin Michel, 1972

Cent problèmes de mots croisés
Préface de Jacques Faizant
Presses Pocket, 1975

Cami
Seghers, 1976

Jeux de lettres, jeux d'esprit
Préface de Jean d'Ormesson
Jean-Claude Simoën, 1977

Cent problèmes de mots croisés
Préface de Robert Sabatier
Jean-Claude Simoën, 1977

Jeux de mots croisés
Éditions Hors Collection, 1997

Michel Laclos

Le dico des mots croisés

Éditions du Seuil

COLLECTION DIRIGÉE PAR NICOLE VIMARD

ISBN 2-02-029900-3

Du bon usage des mots croisés et de leurs définitions

Et si les mots étaient faits pour jouer ?
BORIS VIAN

Décryptant des définitions plus ou moins ardues, remplissant des grilles, case après case, au crayon ou à l'encre s'ils sont optimistes, dans l'autobus ou sous la lampe du salon, ils sont sans doute des dizaines de millions de cruciverbistes dans le monde.

Il n'existe guère, en effet, de quotidiens, d'hebdomadaires ou de mensuels – qu'ils soient de droite ou de gauche, se consacrant à la politique, aux arts, aux sciences ou à la littérature, visant les masses ou l'élite – qui ne proposent des mots croisés à leurs lecteurs. En France mais aussi partout ailleurs. C'est là, paraît-il, un bon moyen de fidéliser le lectorat. Je le crois volontiers, le cruciverbiste s'attachant peu à peu à un verbicruciste qui le satisfait et devenant souvent un fidèle puis un inconditionnel.

Qu'en est-il dans les restaurants proposant des mots croisés imprimés sur des sets de table en papier ? Je l'ignore. Je ne sais pas non plus si l'industriel londonien qui eut un jour l'idée d'orner de grilles et de définitions ses rouleaux de papier hygiénique a fait fortune. Une chose est sûre : les cruciverbistes accros qui, pour rien au monde, ne renonceraient à leur drogue, semblent se multiplier. Et c'est fort bien ainsi. Comme l'écrivait Tristan Bernard il y a une sacrée lurette : « Le mot croisé est une thérapeutique à l'anxiété contemporaine. Si les grands problèmes nationaux ou internationaux causent tant d'effroi, c'est qu'il n'est pas certain qu'il y ait une solution. Tandis que, aux mots croisés, il y en a une. »

On ne saurait mieux justifier la passion de tant de gens, de tous âges, de tous les milieux, pour un « sport cérébral » octogénaire. Qui a inventé cette « thérapeutique à l'anxiété contemporaine » ? Et quand ?

« Les mots croisés remontent à la plus haute antiquité », aurait pu dire Alexandre Vialatte qui s'intéressait beaucoup à eux et en consommait des montagnes.

En divers lieux, du côté de l'Ardèche mais aussi au bord de l'Euphrate – pas à Ur ni à Eu, pas sur les rives de l'Aa, de l'Ill ou de l'Inn, quel dommage ! – des archéologues ont découvert des dalles de pierre sur lesquelles était gravée une inscription latine ainsi disposée :

S	A	T	O	R
A	R	E	P	O
T	E	N	E	T
O	P	E	R	A
R	O	T	A	S

On la baptisa « Carré magique » et on s'interrogea longuement sur son origine (probablement les premiers temps de l'ère chrétienne) et sa signification. La chose fit couler des flots d'encre qui n'éclaircirent pas le mystère. Les chercheurs cherchent toujours. Ne les dérangeons pas.

Ce qui caractérise le « carré magique », c'est que les mots horizontaux et les mots verticaux sont identiques et qu'ils peuvent se lire de gauche à droite, de droite à gauche, de haut en bas et de bas en haut. Sans rien perdre donc de leurs vertus prophylactiques...

Le « carré magique » engendra les « mots carrés » bâtis sur le même principe mais en français. Les mots horizontaux y sont les mêmes que les verticaux. Exemple ?

E T R E S
T R A C E
R A D A R
E C A R T
S E R T E

Licence ou faiblesse, on en vint bientôt aux mots carrés lisibles dans deux sens seulement, comme ici :

O R A N G E
R A G O U T
A G O N I E
N O N I D I
G U I D O N
E T E I N T

Pas facile à réaliser. L'exercice plut énormément cependant et fit les belles soirées des dames et des demoiselles de bonne famille repues d'anagrammes, d'acrostiches et de rébus, au commencement de ce siècle.

Composer des mots carrés de six lettres exige un rude effort. On n'ira pas au-delà sans l'assistance de plusieurs tubes d'aspirine.

Autre « abâtardissement » des mots carrés : on utilise des mots différents horizontalement et verticalement.

Abandonnant à leurs innombrables amateurs les mots carrés et leurs variantes en triangle ou en losange, un certain Arthur Wynne, né à Liverpool mais émigré aux U.S.A. vers 1905, parvint à faire d'une faiblesse une qualité. Parce qu'il n'arrivait pas à croiser correctement tous ses mots dans une grille, il les ponctua de cases noires. Généreusement. Puis il les numérota, comme cela se fait encore parfois, et leur donna des définitions. D'une grande simplicité. Les mots croisés étaient donc inventés. Leur acte de naissance officiel date du 21 décembre 1913.

Arthur Wynne travaillait au *New York World*. Le journal cherchait des idées pour sa page « Fun » (Amusement) de l'édition du dimanche. La « trouvaille » de Wynne fut acceptée, faute de mieux. La première grille de *crosswords* parut le 21 décembre 1913, jour historique. Le succès s'avéra considérable. Il ne se démentit jamais et les dictionnaires devinrent des best-sellers. Il faut dire que sur le plan des définitions, le cher Arthur ne se cassait pas trop la tête. Un exemple : ARE (*sont*, du verbe *être*) lui inspirait : « Pluriel de *est* ». Le jeu était nouveau, il enthousiasma les lecteurs jusqu'au fond de l'Ohio. Restait à lui faire traverser l'Atlantique.

Morley Adams s'en chargea. Astucieux homme d'affaires britannique, il comprit vite l'intérêt des *crosswords* et les bénéfices qu'il pouvait tirer de leur introduction en Angleterre. S'attachant un grand nombre de collaborateurs, il fonda une véritable agence de mots croisés grâce à laquelle il put inonder le marché, de plus en plus assoiffé de mots en croix. La reine Mary elle-même s'emballa. Morley Adams mourut en 1953, à l'âge de 78 ans. Richissime. Le pauvre Wynne avait quitté ce monde en 1945. Presque misérable.

Nous ne pouvions, chez nous, ignorer le phénomène. Le 8 janvier 1925, *Le Dimanche illustré*, grand hebdomadaire familial, publiait un « nouveau et amusant jeu de patience », une grille de 15 sur 15. Le quotidien *Excelsior* suivit, le 26 février de la même année. Puis le *Pêle-mêle* (10 mai 1925). Puis *Le Gaulois* (22 mai 1925). Nous n'en sommes encore qu'à la préhistoire. Comme dans les grilles anglo-saxonnes, les cases noires abondent et leurs concepteurs s'efforcent d'en tirer des effets esthétiques. Les définitions sont aussi plates et sortent crues des dictionnaires basiques. La nouveauté du jeu fait taire les exigences. Enfin Tristan Bernard vint...

C'est Jean Richepin qui attira, dit-on, l'attention de l'auteur de *L'Anglais tel qu'on le parle* sur les mots en croix. Le poète injustement oublié de la *Chanson des gueux* s'en amusait souvent, allant parfois jusqu'à imaginer des définitions astucieuses pour son plaisir ou celui de ses amis. L'humoriste ne pouvait que se piquer au jeu, lui dont les traits d'esprit faisaient rire tout Paris.

Bien entendu, ce qui le retenait n'était pas la composition de la grille, travail de patience un peu mécanique, mais ces définitions qu'il pouvait saupoudrer de l'humour le plus fin et dont il comprit vite l'intérêt littéraire.

Dès 1925, il publie chez Bernard Grasset, éditeur avisé, prompt à sentir et à saisir la bonne affaire, un recueil de grilles, l'*Album Éléphant* (« 1 vol. cartonné toile, avec un Crayon Conté, 10 francs. 50 problèmes variés et de difficulté graduée »). La même année, Tristan Bernard (rédacteur en chef) sort un journal, *Le Gril hebdomadaire*. Échec. Une de ses proches disciples, Renée David, prend aussitôt la relève avec Le *Journal des mots croisés*. Succès énorme que le talent exceptionnel de la « princesse des mots croisés » (T.B. dixit) ne suffit pas à expliquer.

À y bien regarder aujourd'hui, on s'aperçoit que les trouvailles de T.B. – ce n'est pas là faire offense à sa mémoire – ne sont pas aussi abondantes qu'on a pu le prétendre. Il fut d'abord un pionnier d'une belle énergie qui sut défricher un domaine que d'autres (j'en suis) viendront plus tard ensemencer et exploiter. On lui a prêté (puisqu'il était riche) beaucoup de boutades dont il n'était pas toujours l'auteur. Pareillement, on lui attribua bien des définitions dont il n'est nullement le père. Faut-il rappeler l'illustrissime « Vide les baignoires et remplit les lavabos » (ENTRACTE) qui appartient à Renée David ?

En revanche : « Crut devoir insister sur certains points pour ne pas avoir à prendre parti » (PÉNÉLOPE), c'est fort. Et « Fait la valeur du franc » (SINCÉRITÉ) ? Et « Moins cher quand il est droit » (PIANO) ? Et encore : « Ce que le feu a épargné » (HÉRITAGE), lui reviennent.

De même : « Fréquente le palais et menace la couronne » (CARAMEL), une de mes préférées. En vérité, on pourrait en citer des dizaines et des dizaines, voire des centaines, d'une égale drôlerie.

Évitons les malentendus : Tristan Bernard a été le premier à introduire de l'humour dans les mots croisés qui en manquaient fâcheusement et auraient peut-être fini par lasser, à la longue, la majorité de leurs amateurs. Un autre des mérites – non le moindre – du barbu est d'avoir, par son exemple, incité de nombreux écrivains à s'essayer dans cette discipline. Avec des bonheurs divers, il est vrai. La liste en est impressionnante. Citons en vrac : André Fontainas, Maurice Donnay, Romain Coolus, Edmond Haraucourt, Jean Richepin (déjà évoqué), Curnonsky, Cami (qui faisait remonter les mots croisés jusqu'à Godefroi de Bouillon !), Henri Christiné (le compositeur de *Phi-Phi*), Adrien Vély, Alfred Sauvy (mais oui !), Reynaldo Hahn, Dignimont et même Sacha Guitry qui se fendit d'une « Lettre-postface » grillée pour un recueil de son ami Tristan. Du beau monde. Une bonne partie du gratin littéraire et artistique de l'époque.

Une Académie des mots croisés se créa. Les membres de l'Académie de l'humour français (parmi lesquels figuraient Gabriel de Lautrec, Maurice Dekobra, Paul Reboux et Maurice Garçon) se mirent à définir à leur tour et à tour de bras, publiant leurs meilleures idées dans de charmants petits volumes thématiques *(L'Amour, La Gastronomie)* qu'illustrait Joseph Hémard. Et le *Journal des mots croisés* de Renée David prospérait, suscitant de nouvelles vocations de verbicrucistes et élargissant son audience semaine après semaine. Ce fut alors un âge d'or pour les mots croisés. Tristan Bernard en avait été le prophète. Barbu, ainsi qu'il sied aux prophètes. Et il avouait : « Depuis que je me suis livré au noble sport des mots en croix, j'ai fait de grands progrès, d'abord en cherchant des mots et en défrichant de cette manière des arpents entiers de mon esprit puis en en composant ; ce qui m'a perfectionné étonnamment dans l'art d'écrire... »

Une (bonne) définition, qu'est-ce, au fond ? Une image, une métaphore parfois, un raccourci qui fait se télescoper cocassement deux idées, la mise en fausse évidence d'une ambiguïté. Dans ses *Journaux* récemment parus, Raymond Queneau note (page 991) que les mots croisés sont « basés sur le jeu des associations fortes et des associations faibles. Exemple : "Ne sort jamais de sa cage". "Cage" dirige vers "oiseau" et c'est "ascenseur" qu'il faut trouver. »

Littérature, littérature, vous dis-je !

A ma connaissance, l'auteur des *Exercices de style* ne fut jamais verbicruciste, cruciverbiste, sûrement. Dans un poème du *Chien à la mandoline*, il s'écrie :

Ah quel plaisir d'être cruciverbiste
et d'avoir un monde prêt sous sa noire et blanche grille
et de choyer chaque mot comme un tout petit chien
qui dans le dictionnaire urine et pisse et grouille.

En cherchant bien, on trouverait sans doute, éparses dans son œuvre, des définitions de belle qualité. On en rencontre d'ailleurs partout chez des auteurs qui ignoraient, bien sûr, les mots croisés pas encore inventés. En voici une poignée, choisies presque au hasard :

ÉCHO : *Miroir du son* (Joseph Joubert).

EFFRONTERIE : *Avorton de l'audace* (Rivarol).

ÉCRITURE : *Peinture de la voix* (Voltaire).

POIREAU : *L'asperge du pauvre* (Alexandre Dumas père).

PLUIE : *Distraction de la province* (Edmond de Goncourt).

MUSIQUE : *Du bruit qui pense* (Victor Hugo).

PARENTHÈSE : *L'île du discours* (Victor Hugo).

JÉSUITE : *Un homme habillé en éteignoir* (Victor Hugo).

HISTORIEN : *Un prophète qui regarde en arrière* (Henri Heine).

ÉGOÏSTE : *Un homme qui ne pense pas à moi* (Eugène Labiche).

MYTHOLOGIE : *Dictionnaire d'hiéroglyphes vivants* (Baudelaire).

BRÉVIAIRE : *Sorte de géologie ecclésiale* (Huysmans).

Dans le genre, Jules Renard, dont l'esprit est fin, l'humour féroce et la plume concise, est le recordman. Avec beaucoup de patience, on pourrait bâtir une grille dans laquelle n'entreraient que des mots par lui définis. Accordons-lui une place à part :

ÂNE : *Lapin devenu grand.*

BONDE : *Nombril du tonneau.*

CARESSE : *Calotte de velours.*

CIRCONFLEXE : *Hirondelle de l'écriture.*

CLOCHE : *Jupe sonore.*

CONCIERGE : *Sursum cordon.*

FUMÉE : *Rêverie du feu.*

GLOIRE : *Fumée sans feu.*

HOMME : *Ce condamné à mort.*

IDÉAL : *Un rêve précis.*

LANTERNE : *Bougie en prison.*

PAPILLON : *Fleur vagabonde.*

PARADIS : *Château en Espagne.*

PERCHE : *Zèbre de l'eau.*

POSTILLONS : *Intempéries du langage.*

RONFLER : *Dormir tout haut.*

SILLONS : *Rides de la terre.*

TROIS-MÂTS : *Végétation de la mer.*

Plus près de nous, donc contemporain des mots en croix devant lesquels il ne devait jamais s'agenouiller, Paul Claudel est le responsable d'un superbe « Manque de savoir-vivre » (SUICIDE) que l'on déniche avec stupéfaction dans son *Journal* et qui a été maintes fois « emprunté ». J'aime assez le « Récompense des chefs-d'œuvre » pour PATINE, d'André Gide, et énormément « L'aquarelle de l'amour » (FLIRT) dû à l'Immortel auteur du *Disciple* et de *L'Étape*, Paul Bourget.

Pour en finir avec les rapports intimes existant entre la littérature plus ou moins majuscule et les mots croisés, rappelons que les meilleurs des verbicrucistes de ces dernières années sont des écrivains reconnus comme tels : Georges Perec (romancier et oulipien émérite), Yves Gibeau (romancier), Robert Scipion (pasticheur, scénariste et dialoguiste), ainsi que Jacques Bens (poète, romancier et oulipien comme Perec). Ce n'est pas un hasard.

Le lecteur qui vient d'ouvrir ce livre trouvera dans les pages qui suivent un nombre considérable de définitions classées par ordre alphabétique. Une somme, en somme, issue d'une production cruciverbique étalée sur une vingtaine d'années. Il s'agit en effet d'un dictionnaire en forme de dictionnaire dans lequel j'ai classé ce qui m'a semblé mériter d'être conservé.

Comment l'utiliser ? Le mieux, je crois, est de l'ouvrir au hasard et de le refermer avant l'indigestion. On peut en faire la base d'un jeu de société en proposant des définitions autour d'une table, à la fin d'un repas. Pas besoin alors de papier ni de crayon pour trouver les solutions : on garde les mains libres pour achever son verre. Enfin, on peut aussi s'en servir comme d'une cale si on possède un meuble vraiment trop boiteux.

MICHEL LACLOS

NOMS COMMUNS

A

Abaca Chanvre à part.

Abaisser Mettre bas.

Abajoue Garde-manger.

Abat-jour Chapeau d'éclaireuse.
Adoucissant pour les ampoules.

Abats Comprennent les langues mortes.

Abattis Membres d'un conseil populaire.

Abbé Pilier d'église.

A.B.C. Un début à tout.
Lettres d'introduction.

Abée Trou d'eau.

Abondance Unicorne.

Abonnement Témoignage de fidélité.

Abonnés Reliés par un fil.

Aborigène Naturel chez lui.

Abouler Cracher du liquide.

Aboulie Donne l'embarras du choix.

Aboulique Pas du tout nietzschéen.

Abracadabra Mot de passe-passe.

Abri	Le gîte et le couvert.
	Marina pour la vedette.
Abrité	A son couvert assuré.
Abrogation	Casse l'établi.
Absence	Donne tort.
Absent	En manque.
Absentéiste	Se met très souvent dans son tort.
	En liberté provisoire.
Absolution	Coup d'éponge.
Absolutisme	Régime à base de fromage de tête.
Absolutiste	Ne partage rien.
Abstention	Manque d'expression.
Abstentionnistes	Les voix du silence.
	Des voix qui se sont tues…
	Pêcheurs à la ligne.
Abstrait	Intouchable.
Abus	Dépassement dangereux.
	Naît dans l'au-delà.
	Arrivé au trop.
Abysse	Abîme avec de l'eau.
Abysses	Fonds en liquide.
Académie	Représentation sans effets spéciaux.
	Nu ou, parfois, richement habillée.
Académicienne	Arrivée dans un fauteuil.
	Rare en cet état.
Académiciens	Tutti Conti.
Académisme	Cantonnement de pompiers.

Acanthe	Dure de la feuille.
Acarus	Fait de la gratte.
Accabler	Charger lourdement.
Accélérateur	Champignon dangereux.
Accent	Grave pour une infirmière.
Accents	Mâles de la Marseillaise.
Accentuation	Acte d'accusation.
Accentuer	Accuser, mais rarement à la légère.
Accessit	Récompense hors de prix.
Accessoire	Complément d'objet.
Acclamations	Ensemble vocal.
Accompagnateur	Guide touristique.
Accompagnatrice	Dame de compagnie.
Accord	Plaqué par une pianiste.
Accordée	Fiancée avec Greuze.
Accorder	Régler des notes.
Accouchement	Séparation de corps.
Accouplement	Corps à corps.
Accouru	A suivi l'appel.
Accoutrement	Mise à part.
Accroche-cœur	Décoration obtenue sur le front.
Accroupissement	Action en baisse.
Accueil	Prise de contact.
Accumulateur	Réserve d'énergie.
Accusations	Leurs chefs sont sans indulgence.
Accusée	Femme très chargée.
Ace	Service impossible à rendre.

Achat	En fin de course.
	Bien payé.
Achats	Chargements de chalands.
Achtung	Gare en Allemagne.
Acide	Rongeur.
Acidité	Nuit au palais.
Aciérie	Établissement de bains.
Acmé	Haut mal.
Acné	Offensive de la guerre des boutons.
	Épreuve de physique pour les jeunes.
À-côtés	Font l'appoint.
Acousticien	Ingénieux du son.
Acquittement	Règlement de comptes.
Acrobatie	Tour de piste.
Acrostiche	Se forme en tête de lignes.
Acte	Pièce à l'étude.
	Tranche de pièce.
	Gratuit dans un chemin de fer.
Actes	Pièces détachées.
Acteur	Demandeur d'emploi.
Actinothérapie	Les rayons, c'est son rayon.
Activiste	Homme d'action.
Acuité	Façon de voir.
Acupuncture	Technique médicale de pointe.
Adage	Transmission de pensée.
Additif	Un de plus.
Adhésion	Agrément de la politique.

Adieu	Déclaration de perte.
	Formule un au départ.
Adjacent	A un côté touchant.
Adjudicataire	A dû faire sa soumission.
Ad libitum	Donne le choix.
Admission	Réception officielle.
	Seuil de tolérance.
Adolescence	Deuxième jeunesse.
Adoption	Prise en charge.
Adorer	Se mettre à genoux dans la cour.
Adoubement	Prise d'armes.
Ad patres	Direction finale.
Adret	Une place au soleil.
	Part de flanc.
Adulte	Ne croît plus.
Adultère	Relations extérieures.
A.E.I.O.U.	Portaient les couleurs d'Arthur.
Aération	Donne un air correct.
	Exposition en plein air.
Aérobic	Mouvements musicaux.
	Exercice musical.
Aéroclub	L'école du vol.
Aérodynamique	En forme pour filer.
Aéronavale	Flotte dans l'air.
Aérostier	S'envoyait en l'air avec une saucisse.
Affabulation	Œuvre d'imagination.
Affaissement	Cause de dépression.

Affamer	Rendre sourd.
	Casser les oreilles.
Affirmation	Déclaration d'assurance.
Affranchissement	Rupture de chaîne.
Affûter	Travailler sur un fil.
Aficion	Possession espagnole.
Aficionado	Mordu par le taureau.
Afro	Coupe exotique.
Agapes	Cène inférieure.
Âge	A une fleur épanouie.
	Tendre bien avant d'être mûr.
Agence matrimoniale	Bureau de placement pour femme de ménage.
Agencer	Ajuster une combinaison.
Agenda	Carnet du jour.
Agenouilloir	Planche de salut.
Agent	Cogne dans la rue.
	Hirondelle du faubourg.
Agglomération	Union des corps.
	Réunion en ville.
Aggravation	Gonfle le pis.
Agiotage	Manœuvre en cours.
Agité	Point stable.
Agneau	Bête mais doux.
	Bouclé mais innocent.
Agoraphobie	Quelle angoisse pour les gens en place !
Agrion	Petite demoiselle.

Agronomie	Culture de la culture.
Agui	Corde à nœuds.
Ahan	Gros effort littéraire.
Ahurissement	Effet stupéfiant.
Aide	Participe.
Aide-soignante	Est aux petits soins.
Aïe	Mal exprimé.
	Accusé de réception.
	Le son du pain.
Aïeux	Espèces arboricoles.
	Vieux partis.
Aigu	Haut de gamme.
	L'accent du Périgord.
	Accent de sincérité.
Aiguille	Se tire pour faire le point.
	La queue du chas.
Aiguillon	Pique-bœuf.
Ail	Tête à plat.
	En tête dans les livres de cuisine.
	Piqueur de rôtis.
Aile	Morceau de zinc.
Ailette	Lame en penne.
Aimé	À la bonne.
Aimer	Mission catholique.
Aînesse	Mauvais coup du droit.
	Droit à la nourriture.
Ainsi soit-il	Vœu pieux.

Air	Confiné dans sa chambre.
	Mine de surface.
	Expression courante.
	Sa liberté est exemplaire.
	Passe par le nez ou par l'oreille.
	Bourré de son.
Airain	Très bronzé.
Aire	Terre battue.
	Plat avec des œufs.
Aisselle	Un endroit au poil.
Ajuste	Agence pour l'emploi.
Alaire	Nom de plume.
Alambic	Fourneau à alcool.
	Fait du goutte à goutte.
À la recherche	Ce qui suit, c'est du temps perdu !
Alcool	Fort alambiqué.
Alcoolat	Eau forte.
Alcyon	Oiseau rare.
Ale	Coup de pub.
	Mousse d'Angleterre.
Aléa	Tour de vie.
Alentours	Des à-côtés.
Alerter	Prévenir pour prévenir.
Alevin	Sujet empoissonnant.
Alfa	La matière d'un bon papier.
Algarades	Sorties de scènes.

Alibi	Souvenir du temps passé.
	Le temps retrouvé.
Aliéné	Enfermé sans raison.
Alizé	Bon vent !
All	Tout en anglais ou une partie en allemand.
Allaiter	Offrir un bon coup de blanc.
Allant	Proche de la pêche.
Allée	Fait un bout de chemin sur les planches.
	Cavalière au Bois.
Allègement	Perte de poids.
Alléguer	Avancer pour se défendre.
Aller et retour	Calotte doublée.
Allergie	Intolérance.
Alliage	Union durable.
	Mariage solide.
Alliance	Mariage de raison.
Alliances	Bijoux de famille.
Allitération	Si, si, ça c'est sûr !
Allo	Amorce au bout du fil.
	Premier mot sur la ligne.
Allumette	Petit bois pour le feu.
	Flambeuse.
Allure	Air.
Allusion	Éclairage indirect.
Alopécie	Ses victimes n'ont aucun cran.
	Coauteur de *La Cantatrice chauve*?
	Polisseuse de cailloux.

Alpage	Pré haut.
Alphabétique	Un ordre qui ne s'adresse pas aux illettrés.
Alphabétisation	Un début dans les lettres.
Alpiniste	Monteur à la chaîne.
Altercation	Mots croisés très durs.
Alter ego	Dédoublement de la personnalité.
	Quasiment double.
Altimètre	Compte les pieds.
Altitude	Au-dessus de la mer.
Alvéole	Part de gâteau.
Amadou	Queue de briquet.
Amaigrie	A changé de ligne.
Amaigrissement	Bénéfice de la cure.
Amalgamation	Chercheuse d'or.
Aman	Éponge arabe.
	Gomme arabique.
Amasser	Faire des tas de choses.
	Ne peut pas se faire en roulant.
Amateur	Ancien chef de cabinet.
Amaurose	Point de vue.
Ambassade	Représentation à l'étranger.
	Mission spéciale.
Ambassadrice	Vedette en représentation.
Ambiance	Micro-climat.
Ambigu	N'est pas à sens unique.
Ambition	Force motrice.

	Moteur très puissant.
	Force de propulsion.
Ambivalente	Deux en une.
Ambulance	Véhicule pour la campagne.
	Tire mais on ne doit pas tirer dessus.
Âme	Bonne sœur.
	Se vendait diablement cher.
	Vide des canons.
	Sœur bien-aimée.
	Élément d'un foyer.
Amélioration	Mieux fait.
Améliorez	Conseil de révision.
Amen	Accord final.
	Vœu pieux.
Amende	Métamorphose du papillon.
	Plaie d'argent.
	Prélèvement obligatoire.
Amender	Agir pour le mieux.
	Préparer le terrain.
Amer	Demeure fixe pour le marin.
Américanisme	Made in U.S.A.
Améthyste	Montée sur un évêque.
Ami	Retrouvé par Oreste en première ligne.
	Pierrot lunaire.
Amicalement	Fait partie des bonnes manières.
Amict	Passé avant l'aube.
Amidon	Féculent bon pour les limaces.

Amirauté	Corps dans la flotte.
Amitié	Entente cordiale.
Amitiés	Particulièrement romanesques.
Amnésie	Gommeuse.
	Absence prolongée.
	Blanchisseuse d'autrefois.
Amnésique	S'est oublié.
	N'a rien à regretter.
	Sans rancune aucune.
Amnioscopie	Contrôle des eaux.
Amnistie	Coup de blanc.
	Gomme à peine.
	Coup de grâce.
À moi comte…	Accostage dramatique au bord du Guadalquivir.
	Trois mots pour deux mots qui suivent.
Amollie	Ancienne ferme.
Amont	Toujours à contre-courant.
Amou	Un amour incroyable.
Amourettes	Vendues avec les fraises.
Amours	Roses en peinture et jaunes en poésie.
	Enfants de cœur.
Amovibilité	Facilite les déplacements.
Amphibie	Bateau à roues.
Amphibologie	Problème de mots croisés.
Amphore	Pot de vin.
Ampoule	Est en cloque.

Amulette Charme personnel.
Préservatif propre.
Se porte comme un charme.
Doublement gris.

Amuseur Tord-boyaux.

Amusie Productrice de canards.

An Temps compté.
Quatre quarts.
Balai rond.
Tranche d'âge.
Capitales d'Amérique du Nord.

Ana Raconte des blagues.
La manne à Vermot.

Anachronisme Temps mêlés.
Faute de concordance des temps.
Hors d'âge.
A raté la correspondance.
Mélange deux temps.

Anagramme Radine avec Derain.
Ton gamin avec Matignon.
Gare à la rage.
Drôles avec Delors.
Prière pour Pierre.
Grêle avec Léger.
Lâcher pour Rachel.
Chantier pour Tchernia.
Laid pour Dali.
Aimer pour Marie

Analogies	Remarquables dans leur correspondance.
Analogue	Parent ou voisin.
Analphabète	Produit d'une société sans classes.
Analphabétisme	Le degré zéro de l'écriture.
Analyse	Décomposition des corps.
Anarchiste	Casseur de règles.
Anatomie	Corps constitué.
Ancienneté	Est en promotion.
	Fait avancer mais lentement.
Ancillaire	Pour une liaison à la cuisine.
Ancrage	Point fixe.
Ancre	Traînée dans les bas-fonds.
	N'est utile que si on la jette.
Andain	Foin de côté.
Androïde	La mécanique humaine.
Anecdote	Fait mince.
Anémie	Mal blanc.
Anémique	Ne rougit pas de son état.
Ânerie	Perle de moule.
Ânes	Leur pont est facile d'accès.
Ange	Passe en silence.
	Gardien de la paix.
Angelots	Les enfants du paradis.
Anges	Ont des problèmes sexuels.
Angle	Demeure dans le coin.
Angles	Ils ont des arêtes.

Anglicisme	Made in England.
Anglophile	Amateur de Rosbif.
Anguille	Poisson de roche.
Anguleux	Plein d'arêtes.
Anicroche	Variété de cactus.
	Petit os.
Animée	Mue.
Animiste	Voit tout avec esprit.
	A tendance à trouver tout le monde spirituel.
	Fan des idoles.
Ankylosée	Gourde.
Annales	Rapports peu fréquents mais réguliers.
Anniversaire	Jour de l'an.
Annoncer	Faire part.
Annuaire	Dépanne celui qui manque d'adresse.
	Livre de renseignements.
Annulation	Suppression de l'emploi.
Anoblissement	Fournissait des armes.
	Accélérateur de particules.
	Prises d'armes.
	Le don des armes.
Anomalie	N'est pas en règle.
Ânonnement	Recherche dans l'expression.
Anonyme	Né de père inconnu.
Anorexie	Coupe-faim.
Anosmie	Point de senteur.

Anoure	N'a pas fait la queue.
Ans	Blanchisseurs au poids.
	Charge accablante.
	Courbent l'échine.
Anse	Pour mettre la main au panier.
	Petite baie salée.
Ansérine	Patte d'oie.
Anses	Les oreilles d'un sourd.
Antenne	Branche de la télévision.
Antériorité	Caractère du précédent.
Anthologie	Donne le choix.
Anthrax	Cause de mauvaise humeur.
Anthropocentrisme	Mégalomanie.
Anthropophage	Aime bien les hommes.
Anthropopithèque	Une des premières versions de la bête humaine.
Anti	Contre mais tout contre.
Antipathique	Ne revient pas.
Antiride	Pour sauver la face.
Antisèche	Petite dépanneuse.
	Pompe de secours.
Antre	Home bête.
Anurie	Panne sèche.
Aparté	Voix détournée.
	Fausse confidence.
Apartheid	Barrière noire et blanche.
Apatride	Orphelin de mère.

Apéritif	Creuse pour le repas.
Apesanteur	État sans gravité.
À-peu-près	Le cocher de Sisyphe ou le tombeau des Danaïdes.
Apex	Une pointe d'accent en latin.
	Au plus haut point.
Aphonie	Annulation des voix.
Apode	N'a pas pied.
Aporie	Voie sans issue.
Apostée	Mise en garde.
Apostille	Note pour le piston.
Apostrophe	Interpellation brutale.
	Une seule suffit pour aujourd'hui.
Apôtre	Agent de propagande.
Apparat	Coup de pompe.
Apparatchik	Huile rouge.
Appareil	Pompe à huile.
	Le plus simple est sans effets.
Appareillement	Réunion de travail.
Apparentement	Mariage de raison.
Apparition	Vue de l'esprit.
Appartement	Pièces jointes.
	Pièces intimistes.
Appâter	Donner de l'appétit.
Appel	Contrôle militaire.
	Coup de corne.
Appellation	Nom de baptême.

Appendice	Hors-d'œuvre en supplément.
	S'ajoute ou se retranche.
Appétit	Creux de l'estomac.
Applaudissements	Ne sont pas nourris avec des navets.
Apports	Contributions directes.
Âpre	Dure à entendre et difficile à avaler.
	Veille au gain.
Aptère	Interdit de vol.
Aptitude	Don.
Aptitudes	Facilité de travail.
Apurement	Vérification du compteur.
Aqua	Eau de source latine.
	L'eau du bocal des poissons rouges.
Aquarelle	Idéale pour les marines.
Aqueuse	Gorgée d'eau.
Aquilin	Définition à vue de nez.
Aquilon	Souffle poétique.
Arabe	Usager du téléphone.
Arabesque	La ligne de l'Islam.
Arabesques	Broderies sur le piano.
Arbitrage	Règlement de comptes.
Arbitraire	N'a pas de règles.
Arbitre	Juge du milieu.
	Observateur du milieu.
Arbre (généalogique)	Regroupement familial.
Arbrisseau	Petit fût d'essence.
Arc	Triomphaliste.

Arc-en-ciel	Écharpe mouillée.
	Couleurs à l'eau.
	Haut en couleurs.
Arche	Bateau de sauvetage.
Archéologue	À la recherche du temps perdu.
Archet	Instrument à cordes.
Archipel	Groupe de la Société.
Architecte	N'a pas l'esprit de l'escalier... mais ça c'est une idée de Flaubert.
Archives	Maisons de papiers.
Ardeur	Flambée des sens.
Ardeurs	Consommations des sens.
	Grandes chaleurs
Ardoise	Laissée pour compte.
	Compte à régler.
Are	Plat de terre.
	Unité territoriale.
	Petite place carrée.
	Partie de campagne.
	Petit plat.
Arène	Théâtre en rond.
Arènes	Des ronds pour faire des courses.
Aréopage	Comité d'entreprise.
	Société savante.
	Rencontre au sommet.
Ares	Unités déployées sur le terrain.
Arête	Peut étrangler dans l'ombre.

Arêtes	À l'intérieur du bar.
Arêtier	Avec lui, c'est la tuile assurée !
Argent	Galette de blé.
	Oseille braisée.
	Billets doux.
	Liquide inodore.
Argot	Permet de répliquer vertement.
Argumentation	Idée avancée.
Aristocrate	Maître d'armes.
Aristocratie	Propriétaire d'armes anciennes.
	La fine fleur (de lys).
Aristos	On leur a coupé la queue après leur avoir coupé la tête.
Arme	N'est passée à gauche qu'au dernier moment.
	Blanche de Tolède.
Armée	Union des corps.
	Troupe subventionnée.
Armes	Meubles de famille.
Armet	Salade du chef.
Armistice	Coupe-feu.
Armoire	Derrière le miroir.
Armorial	Dépôt d'armes.
	Tas d'écus.
	Livre des armes.
Armure	Protection rapprochée.
	Garde du corps.
Arôme	Odeur d'essence.

Arpèges	Notes détaillées.
Arraché	Départ de poids lourds.
Arrangeur	Travailleur en plein air.
Arrestation	État sans libertés.
	Blocage des pris.
Arrêt	Pas courant pour un chien.
	Souvent à cran.
	Spécialité maison.
Arrière-goût	Vague de fond.
Arrière-pensée	Dissimulée dans la réserve.
Arrière-train	Siège mou.
Arrivisme	Force motrice.
Arrogance	Voisine de la morgue.
Arroi	Grand par la suite.
Arrondi	Plus franc qu'avant.
Arroseur	Pilote de jet.
	S'est drôlement mouillé dans une histoire de cinéma.
Arrosoir	Asperge avec une pomme.
	Faiseur de pluie.
Arsenic	As en chimie.
Art	Le meilleur des hommes.
	Beau domaine.
	Placé au-dessus de l'adresse.
	Adresse d'apatride.
Articulation	Joue plus ou moins dans le mouvement.
Artifice	Leurre de vérité.
	Tour de manège.

Artilleur	Homme à l'affût.
	Il pointe ou il tire ?
Artilleurs	Servent des canons.
Artisan	Petit singe.
	Manuel du patronat.
	Manuel d'art.
Artisane	Femme qui cause.
Artistes	Ont leur entrée au théâtre et au cinéma.
Arythmique	Pas cadencé.
As	Cœur battant.
	Cœur simple.
	Mec plus ultra.
	Quatuor qui joue souvent.
	A un cœur difficile à prendre.
	Monte à la tête du censeur.
	Pique fort.
	N'a pas beaucoup de cœur.
	À jouer ou à louer.
Ascendance	Monte dans les arbres.
Ascension	Montée en neige ?
Ascensionniste	Souvent sur les dents.
Ascèse	Vie privée.
	Grande ceinture.
Ascète	Tenu à la ceinture.
	Usager de la grande ceinture.
Aspersoir	Pomme à l'eau.
Asphyxié	N'a pas l'air comme il faut.

Aspirant	Enseigne encore à l'école.
Aspiration	Coup de pompe.
Assaut	Épreuve de force.
	Lutte de classe.
Assemblage	Réunion réussie.
Assertion	Réclame du crédit.
Asservissement	Abus de pouvoir.
	Serf-service.
Assez	Suffisant... de A à Z.
Assignat	Papier d'argent.
Assimilation	Un travail absorbant.
Assis	Le chien sur le toit.
	Le chien de la maison.
Assises	Ont leur cour dans un palais.
Assistance	Public ou publique.
	Due à la femme de ménage.
Assommer	Raser gratis.
Assoupissement	Effet du rasoir.
	Laisser-aller en somme.
Assouplissement	Permission de détente.
	Baisse de tension.
Assouplissements	Arrêts de rigueur.
Assurance	Police de la route.
Assureur	Agent de police.
Astérisque	Préavis de renvoi.
Asticot	Mordu de la pêche.
Astre	Beau mais... comme la lune !
	Beau modèle.

Astreinte	Amende amère.
	Coût de force.
Astres	Corps des nues.
Astronaute	Éthéromane ?
Astronef	Porte aux nues.
Astronome	Homme à lunettes.
Astuce	Fait le malin.
As-tu du cœur ?	La question s'est posée à Séville et, indirectement, à Marseille.
Ataraxie	État d'âme.
Atavisme	Souvenir de famille.
Atlante	Porteur de décorations.
Atours	Toilettes pour dame.
Atout	Chance au jeu.
Atrabilaire	Porté à la scène sur la scène.
	Un homme qui fume beaucoup.
	Joueur de l'ire.
Âtre	Foyer rural.
Attachement	Affection chronique.
Attacher	Organiser des réunions.
Attaque	Accès ou sortie.
Attendre	Louis XIV l'a évité de justesse.
Attendrissement	Ramollissement cérébral.
Attente	L'avant du lapin.
	Passe-temps.
	Essence de poireau.
	Lapin en gestation.

Attention	Gare.
	Gaffe.
	Prêtée avec intérêt.
Atterrir	Se reposer en avion.
Atterrissage	Temps de pose.
Attirer	Agir en aimant.
Attisé	Ranimé par un soufflet.
Attitude	Port artificiel.
Attouchements	Opérations manuelles.
Attraction	Clou dans une boîte.
	Force de la nature.
	Force de loi.
Attraits	Séducteurs.
Attribuer	Prêter avec reconnaissance.
Attributions	Distribution des rôles.
Attributs	Propriétés particulières.
Attrouper	Masser une partie du corps.
Aubade	Air vif et matinal.
	Réveille-matin.
Auberge	Centre d'accueil.
Aubier	Couche dans les arbres.
Audace	Le front du crâne.
	Attestation d'assurance.
Au-delà	On n'en revient pas !
Audition	Bout d'essai.
Auge	Bac professionnel.
Aumône	Petite dépanneuse.

Aumônier	Le père du régiment.
Aumusse	Était toujours fourrée à l'office.
Aune	Étalon personnel.
Aura	Avoir du futur.
	A de l'avenir.
	Bain de vapeur.
	Sortie des médiums.
Auréole	Rond de chapeau.
Auriculaire	Petit rapporteur.
Aurore	Journalière très matinale.
Auscultation	Recherche médicale.
Austérité	Économie politique.
Australopithèque	Vieux tailleur de pierres.
Autant	Introduit du kif.
Autarcie	Vie intérieure.
Autel	On y va d'un commun accord.
	Table de la foi.
Autisme	Coupe du monde.
Auto	Tire souvent sans mobile.
	Ramène tout à soi.
Autobiographie	Exploitation de l'homme par l'homme.
	Relation très personnelle.
Autobus	On n'en change pas sans arrêt.
Autocratie	A la tête dure.

Autodafé	Introduit des livres dans les foyers.
Autodéfense	Self-service armé.
	Un problème d'existence plus que d'essence.
Autodidacte	Élève de l'auto-école.
	Directeur de self-service ?
Autodiscipline	Code de la route.
Auto-école	Met un frein à nos études.
Automne	Violoniste verlainien.
Autonomiste	Exige beaucoup de self-contrôle.
Autopsie	Fait ouvrir le feu.
Autorisation	Feu vert.
Autorités	Têtes hautes.
Auto-stop	Voyage en classe économique.
	Voyage d'agrément.
	Halte routière.
Autres	Enfer très peuplé.
Aval	Manifestation de soutien.
	Risque calculé.
	Partie de cours.
Avalanche	Chute de neige.
	Glace à emporter.
	Descente dangereuse.
	Péril blanc.
	Descend froidement.
Avancement	Sujet de tableau.
Avanie	Traitement difficile à encaisser.

Avant	Pré.
Avant-dernier	Sa suite n'a pas beaucoup d'importance.
Avant-goût	Présence du futur.
Avant-propos	Premier avertissement.
Avare	Dur d'oseille.
Avaricieux	Vieux rat pesteux.
Avaries	Dégâts de la marine.
	Tuiles du bâtiment.
Avec	Un con d'Italien chez nous.
Aven	Trou de province.
	Le trou d'Armand.
Avenir	Point d'interrogation.
	Toujours devant.
Aventure	Étape de coureur.
	Intrigue pas solide.
	Bonne à dire.
Aventurières	Femmes de manœuvres.
Averse	Douche froide.
Averti	Deux en un.
	S'est fait doubler.
Avertissement	Coup de corne.
	Double la valeur de l'homme.
Aveu	Opération à cœur ouvert.
	Fait avec reconnaissance.
	Coup franc.
Aviateur	Homme d'appareil.
Aviation	Conquise par la réaction.

Aviculteur	Entretient des cocottes.
Avilir	Mettre bas.
Avion	Coucou adulte.
Avions	Dans l'armée de l'air ou dans l'auxiliaire.
Avis	Ne sont pas partagés quand ils sont partagés.
	Se donne au premier venu.
Aviso	Messager des ondes.
Avocaillon	Petit bavard.
Avocat	Général mis en accusation.
Avocate	Femme de chambre.
Avoine	Folle quand elle est stérile.
Avoir	Bien possédé.
	Auxiliaire du propriétaire.
Avorte	Foire.
Avortement	Abandon d'enfant.
Avorton	Garçon manqué.
Avril	Très poissonneux au début.
	A son jour pour le poisson.
Avunculaire	A des rapports avec une tante.
Axe	Direction générale.
Ayant droit	Prétendant légitime.

B

Baba	Pâtisserie ou soufflé.
Baba-cool	Retraité de la communauté.
	Produit de 68.

Babouche	Pompe dans les pays arabes.
	Mule arabe.
Baby-sitting	Surveillance des parcs anglais.
Bac	Pont mobile.
	Certificat d'études.
Baccara	Le chemin de fer pour Monte-Carlo.
Bachotage	Travaux forcés.
Bâcler	Exécuter sommairement.
Baderne	Vieille du quartier.
Badigeon	Peinture murale.
Bagarre	Tournée générale.
Bagarreur	Esprit frappeur.
Bagou	Spécialité de tapette.
	Verbe actif.
Bague	Le présent du futur.
	Au doigt… mais rarement à l'œil.
Bahut	Voiture de courses.
	Boîte ou tire.
Bai	Un beau brun sur un cheval.
Baille	Eau de mer.
Bâillement	Ouverture au rasoir.
Bâiller	Peut se faire en se rasant.
Baiser	Bise humide.
	Du bouche à bouche.
Bakchich	Impôt local.
Bal	Producteur de tapisserie.
Balai	Une satanée monture.

Balcon	Peut être aveuglé par la jalousie.
Balconnet	Présentoir individuel.
Baldaquin	Ciel ouvert.
Baleine	Tige de pépin.
Ballast	Grève des chemins de fer.
Balle	Sa peau ne vaut rien.
	Pruneau d'agent.
	Franc populaire.
Ballerines	Sont à leurs pieds.
Ballet	A un corps très souple.
Ballets	Figures de rats.
Bamboula	Java d'origine africaine.
Ban	Morceau de tambour.
	Bruit de claque.
Banal	Courant partout.
Banc	Société sardinière.
Banco	Attaque de banque.
Bandage	Garde du corps.
Bandit	Mauvais sujet pour le cinéma.
Bang	Sur-boum !
Bannière	Tenue de sans-culotte.
	Queue de limace.
	Pan sur les fesses.
Bannissement	Expédition à l'étranger.
Banque	Boîte d'argent.
Banqueroutier	Mangeur de grenouille.
Banquier	Renard argenté.

Bans	Préparatifs de mariage.
	Petites annonces couplées.
Baobab	Obèse africain.
Baptisée	Étendue d'eau douce.
Baptistère	On y prend de sacrées douches.
Bar	On y trouve à boire et à manger.
Baraka	Pot du Maroc.
Baraque	Cassée par le tabac.
Baratin	Cour populaire.
	Cinéma pour l'oreille.
Barbacane	Meurtrière mais en état de légitime défense.
Barbares	Les Huns et les autres.
Barbe	Bouc ou cheval.
Barbiche	Impériale sous le Second Empire.
Barboter	Nager ou voler.
Barbouilleuse	Empotée en croûte.
Barda	Bazar ambulant.
Barde	Lard culinaire.
Baril	Unité de pétroliers.
Baromètre	Toujours sous pression.
Baroud	Nom de guerre.
Barouf	Du foin dans les oreilles.
Barre d'appui	Garde du corps.
Barrière	Accident de parcours.
Bas	Vêtement à épargner.
Basque	Demi-queue.

Basques	Points de suspension.
Basse-cour	L'école des cocottes.
Bassin	Parisien de l'Île-de-France.
Bassin houiller	Sol mineur.
Bassinet	Crachoir.
Basta	Suffit aux Italiens mais pas aux Corses.
Bastide	Site protégé.
Bastingage	Garde du corps.
Bastos	Balles populaires.
Bateau	Ivre de poésie.
Bateau-mouche	Car naval.
Batée	Plat à placer.
Bâtir	Travailler à la maison.
Bâton	Millionnaire.
	Brouillon de lettre.
	Caractère initial.
Batteur	Tape souvent dans la caisse.
Battoir	Main forte.
Battue	Recherche cynégétique.
Baudelairien	Il étudie les fleurs mais non sans mal.
	Amateur de fleurs rares.
	Ses fleurs préférées sont des immortelles.
Bauge	Bain de boue.
Baume	Remède pour le cœur.
Bavardions	Conversions.
Bavette	Se taille avec la langue.

Bazar	Sur un marché persan.
B.D.	Art nouveau.
Be-bop	Style au Parker.
Bécane	Petite reine démocratique.
Bedaine	Buffet galbé.
Bègue	Peut faire pipi avec une grecque.
Bégueule	Allergique au cochon.
Bel	À base de son.
Bélier	Un mouton entier.
Belle	Sortie de prison.
Belligérance	Nom de guerre.
Ben	Bien mal dit.
Bénédiction	Coup de grâce.
Bénéfices	Rapports commerciaux.
Bénéficiaire	A davantage d'avantages.
Bénir	Faire signe.
Bénitier	Attire les grenouilles.
Benne	Fait la tournée des boîtes.
Bercail	Maison de famille.
Berge	Voisine de lit.
Berger	Garde champêtre.
Bergerie	Carrée de mouton.
Bernique	Chapeau chinois.
	Tintin.
Bersaglier	Militaire et homme de plumes.
Bésicles	Les verres du nez.
Best-seller	Livre d'or.

	Tube de papier.
	Le livre des records.
Bête	Le Prince travesti.
Bêtisier	Tissu d'âneries.
Béton	Armé pour résister.
Beuglement	Air vache.
Beur	Croisé moderne.
Beurre	Noir à l'œil ou à la raie.
Beuverie	Foire aux vins.
Bi	Ma moitié.
Bibi	Porte-plumes de chef.
Bide	Petit four.
	Four froid.
Bief	Régularise un apport en liquide.
Bienfait	Ne se perd jamais.
Bienfaitrice	Dame de cœur.
Bière	Boîte de conserve avariée.
	Dernier domicile connu.
	Garde du corps.
Big	Grand d'Angleterre.
Bigame	Femme de ménages.
	Homme à femmes.
Bigamie	Association de deux moitiés.
Big-bang	Un commencement à tout.
Bignole	Portière.
Bigot	Pilier d'église.
Bigote	Punaise ou grenouille.

Bigoterie	Mauvaise foi.
Bilan	Déposé en catastrophe.
Billard	Table de jeu.
Billet doux	Tendre poulet.
Binette	Casse-croûte de jardinier.
Biniou	A l'air breton.
Birbe	Vieux rasoir.
Bise	Ne se fait pourtant pas quand on est en froid.
	Baiser vite fait.
Biseauté	Taillé dans la glace.
Bison	Guide futé.
Bissexte	Une petite rallonge à la fin du mois.
Bissextes	Jours qui rallongent.
Bistouri	Coupe des tissus.
Bistro	Station de pompage.
Bitter	L'amer à boire.
Bizuth	Un bleu qui a de la classe.
Blaireau	Se fait mousser.
Blé	De l'argent fauché.
Bled	Campagne d'Afrique du Nord.
Bleu	Jeune premier de la troupe.
	Marque le coup.
	Marque de pain.
Blinis	Souvent caviardés.
Bloc	Pâté américain.
	Maisons ou cabane.

Blonde	Brune cachottière.
Blue	Bleu d'outre-mer.
Blutoir	Ne fait que passer.
Bobo	Mal de mère.
Bobos	Maux d'enfants.
Bocal	Verre de conserve.
Bock	Petite bière.
Bœuf	Précède la mode en cuisine.
	A un œil de verre.
B.O.F.	A fait son beurre quand on en manquait.
Bois	Place de goal.
	Passage protégé.
Boisseau	Abat-jour.
	Étouffoir.
Boîte	Asile de nuit.
Bol	Mesure pour l'air.
Bombardier	Redoutable raseur.
Bon	Pouvoir d'achat.
Bondieuserie	Article de mauvaise foi.
Boni	Améliore une recette.
Bonifier	Modifier par amendement.
Bonnet	Gros dans les huiles.
Bonneteau	Jeu de cartes.
Bonnette	Fort avancé.
Bonus	Prix de bonne conduite.
Book	Livre de Rosbif.

Boom	Une bonne flambée.
Boomerang	Revient souvent en Australie.
Borborygme	Écho de querelles intestines.
Bordure	Rond de chapeau.
Bornes	Des kilomètres de routes.
Boss	Patron américain.
Bosseler	Mettre en relief.
Bosserons	Bûcherons.
Bossu	L'homme qui rit.
Bottier	Emballeur de nougats.
Boubou	Tunique noire.
Bouc	Émissaire malheureux.
Bouche	Si elle est cousue, c'est avec un fil d'or.
Bouche-à-bouche	Pompe à air.
Bouchée à la reine	Idéale pour le palais royal.
Boudin	Noir de sang.
Boue	Arrêtée par un garde.
Bouée	Roue de secours.
Bouge	Café avec de la lie.
Bougie	Fait la pige.
	Un an de fête.
Bougrement	Très populaire.
Bouiboui	Mauvais café.
Bouilleur de cru	Homme d'esprit.
Bouillotte	A pris la place d'un moine.
Boule	Complètement ronde.
Bourgade	Pâté de campagne.

Bourguignotte	Salade du chef.
Bourrelet	Œuvre de chair.
Bourrichon	Monté par des craques.
Bouse	Vachement emmerdante à la campagne.
Boussole	Conseillère de direction.
	Boîte à aiguille.
Bout	Fin ou en morceau.
Bout de gras	Sujet de discussion.
Boute	Chasse.
Boute-en-train	Joyeux compagnon de voyage.
	Fumiste agréé.
Boxe	Labeur des coups.
	Commerce de marrons.
Bracelet-montre	Plus léger que l'oignon.
Braconnage	Très collet monté.
Braderie	Fait s'envoler les rossignols.
Brainstorming	Remue-méninges.
Braire	Faire l'âne pour avoir du son.
Branchies	Filtres à eau.
Bras	Membre actif.
Brasier	Tout feu tout flammes.
Brasse	Papillon d'eau.
Brasserie	Café avec de la bière.
Bravache	Dur de cinéma.
Bravade	Coup de crâne.
Bravement	Manière forte.
Brèche	Passe-muraille.
	Trou dans le front.

Bredouillement	Verbe mal accordé.
Bref	Petite bulle.
Brelan	Réunion tripartite.
Brème	Poisson à la carte.
Bretelles	Points de suspension.
Breton	L'homme de l'Ouest.
Bretonne	Femme de Léon.
Breuvage	Café-philtre.
Bridge	A probablement une dent contre lui.
Brillantine	Huile de merlan.
Brimades	Sévices militaires.
Brin	Court dans la cour.
Brins	De fils ou de filles.
Brio	Entrain des artistes.
	Au concert, il y a souvent un con qui se met devant.
Briques	Pour bâtir une fortune.
Bristol	Carte d'Angleterre.
	Carte du monde.
Brocanteur	Chine des rossignols.
Brodequins	Vieux casse-pieds.
Broder	Marquer des points.
Broussailles	Bien implantées dans le maquis.
Brousse	Campagne d'Afrique.
Brouter	Déjeuner sur l'herbe.
Brrr	Le bruit des grelots.
Bru	Moitié de fiston.
	Barboteuse d'enfant.

Bruant Zizi en l'air.

Zizi ou Aristide.

Bruni Est resté au soleil ou est passé à l'ombre.

Brut Sec et liquide.

Bucrane Fait un effet bœuf.

Budgétivore Les recettes à l'oseille lui ouvrent l'appétit.

Buée Vapeur à l'arrêt.

Building Tour de ville.

Buissonnière Pour l'école libre.

Bulbe Oignon à la russe.

Bulletin (de vote) Voix enregistrée.

Bungalow Pavillon bas.

Bureau Pièce de Courteline.

Burin Échoppe d'artiste.

But Marque de coup de pied.

Passage dans les bois.

Bois surveillés.

Butin Ramassé dans un sac.

Bien pris.

C

Caban Capote française.

Cabanon Cellule de crise.

On y mène une vie tranquille ou très agitée.

La maison du fada ?

Cabaret	Boîte à musique.
Cabaretière	Cafetière ancienne.
Cabèche	Tête à couper.
Cabot	Peut charger ou mordre.
Caboulot	Bouchon hors d'usage.
Cabri	Petit sauteur.
Cache	Double en partie.
Cacologie	Défaut de construction.
Cacophonie	Concentration de canards.
Cadran	Rondelle d'oignon.
Caennaise	Créatrice de mode.
Café	Petit noir.
	A un garçon qui le sert.
Cage	Dispositif anti-vol.
Cageot	Panier à salades.
Cagnotte	Caisse d'épargne.
Cagoule	Froc troué.
Cahier	Rouge ou noir en littérature.
Caillot	Embarras de la circulation.
	Un peu de sang froid.
Caisse	Tiroir pour la braise.
Caissière	Récolte du blé.
Cal	Formation professionnelle.
Calamar	A une plume et de l'encre.
Calame	Ni style ni stylo.
Calamités	Gros maux.
Cale	Place du fond.

Calé	Retenu ou a beaucoup retenu.
Calendrier	Place des fêtes.
	Les jours comme ils viennent.
	Réunion patronale.
Cale-pied	Est de la pédale.
Calibre	Feu du milieu.
Calicot	Bande de manifestants.
Call-girl	Une fille branchée.
	Liaison téléphonique.
Calme	Plat pour les marins.
Calorifère	Chauffeur de grande maison.
	Source chaude.
Calumet	Pour fumer en paix.
	Nom d'une pipe !
Calvitie	Tête nue.
Camarade	Compagnon de cellule.
Cambiste	Espère en taux.
Cambrousse	Campagne de dénigrement.
Came	Blanche dans le milieu.
Camée	A un beau profil si elle n'est pas défoncée.
Camélia	Fleur de Marguerite.
Camériste	Bonne dans le gratin.
Camionneur	Roule des mécaniques.
Camisole	Garde-fou.
Camouflage	Jeu d'artifice.
Campagnard	Style de buffet.

Campagne	Battue sans raison.
Camping	Surface habitable.
Campus	École buissonnière.
Can	Doublé en french.
Canal	Bras artificiel.
	Lit supplémentaire.
Canard	Mauvaise note.
Canari	Chanteur jaune.
Cancan	Danse au pied levé.
Cancans	Informations contre X.
	Boniments de colporteurs.
Cancoillotte	Coule en Franche-Comté.
Cancre	Élève au plus bas niveau.
Candidate	Femme briguant.
Cane	Crève ou se dégonfle.
Canevas	Exécution sommaire.
Canif	L'arme de l'infidèle.
Canines	Crocs à viandes.
Canisse	Vedette provençale du petit écran.
Cannabis	Fait du pétard.
	Chanvre à part.
Canoë	Sport de lit.
Canon	Service rapide.
	Beau type.
	Descendu en ballon.
	Se chante ou se siffle.
	A une bouche ou plusieurs voix.

Canonnier	Homme à l'affût.
Canonnière	Meurtrière ou colonisatrice.
Canope	Pot de tripes.
Cantatrice	Fait apprécier le grand air.
Canton	Suisse ou chinoise.
Cantonnier	Bosse sur la route.
Canut	Lyonnais de métier.
Canyon	Gorge profonde.
Caparaçon	Robe de cheval.
Cap	Blanc d'Afrique du Nord.
	Fréhel ou Ferrat.
	Nord de la Norvège.
	Nègre ou Breton.
Cape	Robe de poupée.
Capilliculteur	Merlan au gratin.
Capitale	Première dans Rome
Capitaux	Tas de briques.
	Fonds de commerce.
Capitulation	L'adieu aux armes.
	Complément de retraite.
Capot	Cage à tigre.
Car	Va fournir des explications.
	Marque un but.
Carabin	Soigne ses études avant tout.
Carambolage	Choc opératoire sur le billard.
Caravane	Résidence secondaire.
Caravanier	S.d.f.
	Homme-traîneur.

Caravansérail	Cour de Babel.
Caresse	Douce au toucher.
Cari	Poudre de riz.
Carillonneur	Invite à la fête mais pas à se taper la cloche.
Carmagnole	Danse et chant avec canons.
Carme	Espèce de va-nu-pieds.
Carnation	Fond de teint.
Carne	Plat de résistance.
Carottage	Prise de terre.
Carpe	Vedette du muet.
Carpes	Sont dans la main ou dans le bassin.
Carquois	De l'amour en réserve.
Carré	Pièce de marine.
Carrefour	Chemin de croix.
Carrosserie	Caisse en tôle.
Cartes	Pour jouer ou pour manger.
Cartouche	Bande dessinée.
Casanier	Pot-au-feu maison.
	A le même goût que le pot-au-feu.
Case	Carrée noire ou carré blanc.
Caser	Loger chez Tom ?
Casier (judiciaire)	Doit conserver sa virginité.
Casino	Station de chemin de fer.
Casoar	Un de Saint-Cyr.
Casse-cou	Assuré tous risques.
Casse-pattes	Forte goutte.

Casse-tête	Distrait ou assomme.
Casseur	Dur à jouer.
Casus belli	Juste avant la guerre.
Catacombes	Voie d'os.
	Protège-tibias.
Catapulte	Appareil de projection.
Cataracte	Chute spectaculaire.
Catch	Combat rapproché.
Cathèdre	Siège de château fort.
Caudataire	Toujours à la traîne.
Causette	Produit d'entretien.
Causeuse	Elle peut avoir envie de s'asseoir dessus.
Causticité	Sauce piquante.
Cautèle	Spécialité du patelin.
Cautère	Ne sert à rien si on le met au pilon.
Cavalcade	Colonne de chars.
Cavale	Course-poursuite.
	Suite de la belle.
Cavaleur	Joueur de dames.
Cave	Pas affranchi.
Caveau	Demeure familiale.
Caverne	Trou dans la caisse.
Céans	Ici pour son maître.
Cécité	Permanence de nuit.
	Écran total.
	Obscurantisme.

Cédille	Indispensable aux Français, pas à la France.
Cégétiste	Sa bête noire, c'est le singe !
	Travailleur à temps partiel.
Ceinture	Pare-chocs de voiture.
	Doit avoir du cran pour tenir.
	Tintin.
Céleri	Ache-légume.
Célérifère	Clou en bois.
	Premier cycle.
Célérité	A remplacé la diligence.
Célibat	État libre.
Célibataire	A choisi la liberté.
Cellier	Gardien de châteaux.
Cellule	Chambre forte.
	Pièce policière.
Cénacle	Cercle brillant.
	Salon particulier.
Cendre	Reste au foyer.
Cens	Le prix d'un siège ancien.
Censeur	Coupe-papier.
Censitaire	Contribuable en règle.
Censure	Coupure de presse.
Centaure	Cavalier exceptionnel.
Centavo	Petit morceau de sucre.
Centième	Pas commune quand elle est d'une seule pièce.
Centimes	De la mitraille mais pas des balles.

Centrale	École ou prison.
Centre	Cœur ou cerveau.
	Appartient à tous les milieux.
Centriste	Se rencontre dans les milieux politiques.
Centuple	Rendu pour un prêté.
Cep	Pied au cru.
	Pied tordu.
	Bois du vin.
Cercueil	Garde du corps.
	Bière épaisse.
Cérémonial	Varie selon l'étiquette.
Cérémonie	Appareil avec pompe.
Cerf-volant	Attaché pour le décollage.
Cerne	Fait un tour à l'œil.
Certificat	Garantie de l'emploi.
Certificat d'études	Peau d'ânon.
Certitude	Abus de confiance.
Cession	Moyen de transport.
Césure	Placée entre les pieds.
Chagrin	Peau d'âne.
Chaire	Haut lieu de la foi.
Chais	Ont de la bouteille.
Chaise	Longue pour la convalescence.
Chalets	Souvent suisses sans nécessité.
Chambellan	Homme de chambre.
Chameau	Baraque en plein désert.

Champi	Bâtard de George Sand.
Champions (olympiques)	Chercheurs d'or.
Chandelle	La plus fière des dettes.
Chant	Air conditionné.
Chanter	Se lancer dans l'air.
Chanterelle	Point d'appui.
Chantre	As de chœur.
Chaos	Contre-ordre.
Chape	Vêtement ou revêtement.
Chapeau	Protecteur haut placé.
Chaperon	Témoin de moralité.
	Le plus fameux, c'est le petit rouge.
Charabia	Mauvaise langue.
Charbonnier	Maître de maison.
	Profession de foi.
Charisme	État de grâce.
Charité	Opération à cœur ouvert.
	Effet de manche.
Charlatanisme	Farces et attrapes.
Charmer	Tomber en douceur.
Charmes	Moyens d'existence.
Charogne	Pleine de vers… baudelairiens.
Charrette	Association de licenciés.
Chasse	Son tableau est du genre nature morte.
Château-la-pompe	Eau de table.
Châtiment	Peine non partagée.
	Prix des réparations.

Chaumière	Pauvre maisonnette.
Chausson	Couvre-pied.
Chaussure	Pompe pour l'ordinaire.
Chef	Toqué de piano.
	Changement de cap.
Chemiserie	Boîte à limaces.
Chenets	Garniture de cheminée.
	Leur place est au foyer.
Chenil	Loge de cabot.
Chèque	Se barrait par prudence.
	Papier d'argent.
Chercher	Faire la quête.
Chergui	Grain de sable.
Chérubins	Les enfants du paradis.
Chester	Fromage au Rosbif.
Cheval	Rue à Saumur.
Chevalière	Les armes à la main.
Cheveux	Couvre-chef.
Chialer	Déborder d'émotion.
Chic	Un chien fou.
	Chien ou chouette.
Chien	Boxer ou pointer ?
Chiffonnons	Fripons.
Chimère	Châtelaine espagnole.
Chipie	Petit chameau.
Chipoteuse	Marchande si elle n'est pas acheteuse.

Chiromancienne	Elle nous prend par la main pour aller vers l'avenir.
Chirurgie	Le champ des opérations.
Chirurgien	Professionnel du billard.
Chirurgien esthétique	Améliore la forme physique.
Chocolat	Apprécié à la barre.
Choix	Cause d'embarras.
Chômeur	Type sans gain.
Chômeuse	Femme débauchée.
Chopons	Poissons.
Chorégraphie	Pas réglés.
Choristes	Timbres en série.
Chou	Légume bête.
Chouchou	Sujet de prédilection.
Chouïa	Un peu arabe.
Chow-chow	One toutou chinois.
Chromo	Vive impression.
Chronométreur	Un homme qui compte dans les milieux sportifs.
Chrysanthème	Dans un pot sur le feu.
Chuintement	Avec lui, Dieu reconnaîtra les chiens.
	S'accommode mieux des chats que des souris.
Chute	Saut d'eau.
Cibiste	Homme de radio.
Cicatrice	Surface de réparation.
Cicatrisation	Ferme doucement les lèvres.
	Œuvre de chair.

Ciel	Toit du monde.
	Nue chez le poète.
Ciel de lit	Couverture supplémentaire.
Cierge	Hommage enflammé.
Cilice	Limace à poils.
Cils	On s'en bat l'œil.
Cime	Haut lieu.
Cimetière	Terre de feu.
Cimier	Décoration pour un chef militaire.
	Sur la tête ou près de la queue.
Ciné	Art populaire.
Cinéma	A toujours eu des pellicules.
	Champ de navets.
Cintre	Haut de scène.
	Chargé d'affaires.
Circonflexe	L'accent des Bouches-du-Rhône.
Circonflexe (accent)	Indispensable au théâtre mais pas au music-hall.
Circonlocution	Tour de pot.
	Mouvement oratoire.
Circonscription	Découpage de papier.
Circonvolutions	Tours de têtes.
Circumnavigation	Tour en mer.
	Tour de grand bâtiment.
Cire	Pâte à gâteau.
	Pâte à gaufres.
Cisailles	Forces de travailleurs manuels.

Ciseaux	Lames sœurs.
Ciseleur	Orfèvre en la matière.
	Ses traits sont burinés.
Citation	Mise en ordre dans la campagne.
Citrouille	A été une grosse légume dans une entreprise de carrosserie.
Clabauderie	Potin qui fait du bruit ou bruit qui fait du potin.
Clairière	Trou dans le bois.
Clairon	Réveille tout le quartier.
Clairvoyance	Bonne vue intérieure.
Clams	Vénus d'Amérique.
Clan	Ensemble écossais.
Clapotis	Agitation qui va jusqu'à la grève.
Claque	Chapeau ou calotte.
Clarine	Sonne vachement.
Clarté	N'est obscure que chez Corneille.
Classeur	Meuble à chemises.
Classification	Ordre de divisions.
Claustrophobe	Mieux vaut ne pas le mettre en boîte.
Clé	Passe pour la femme de chambre.
	Fait un petit tour et puis s'en va.
	Solution finale.
Clean	Le propre des Anglais.
Clenche	Partie de bras de fer.
Clergyman	Ministre britannique.
Client	Patient dans les cabinets.
	Stoppé en pleine course.

Clientèle	Pratiques courantes.
Clignotants	Indicateurs de danger.
Climat	Question de temps.
Clin d'œil	Signe particulier.
	Appel clandestin.
Clocher	Perchoir de coq.
Clochettes	Lakmé en a vraiment l'air.
Cloître	A une vie intérieure.
	Fait la cour à des religieuses.
Clonage	Reproduction interdite.
Clope	Reste masculin de son féminin.
Clôture	Enceinte du propriétaire.
Clou	Particulièrement exposé.
	Peut chasser son semblable.
Club	Canne à lancer.
	Réunion sportive.
Cluse	Gorge coupée.
Coagulation	Prise de sang.
Coagule	Caille.
Cobalt	Peut faire des bleus.
Cocaïnomane	Fan de la neige.
Cochon	Roi de graisse.
Cochonner	Faire mal.
Cochonnet	Bille de bois.
Coco	Prisée mais pas estimée.
Cocon	Ouvrage de vers.
Cocorico	Chant gaulois.
	Franchement franchouillard.

Codétenus	En duo au violon.
Coercition	Toujours sous pression.
Coffre-fort	Caisse des dépôts et consignation.
Cohésion	Union réussie.
Coiffe	Décoration de chef breton.
	Bosse sur la tête.
Coiffeuse	Figaro Madame.
	A sa place au salon ou dans la chambre.
Coiffure	Travail de tête.
Coin	Se bouche de façon surprenante.
	Se bouche en soufflant.
	Instrument à percussion.
Coincer	Attraper au vol.
Coin-coin	Un bruit lancé par tous les canards.
Col	Port dans les Pyrénées.
	Bleu sur la mer, vert sur l'étang.
Colère	Productrice de raisins noirs.
Colin	Nom de lieu.
Colin-maillard	Jeu de mains.
Colle	On y vit assez librement.
Coller	Foutre.
Collet	Noir avec une perruque blonde.
Colleteur	Spécialiste des lacs.
Colombe	Ararat avis.
Combattant	Homme de la campagne.
Combien	Question de prix.
Combustion	Coup de feu.

Comité	Cellule partagée.
Commanditaire	Pompe à finances.
Commerçant	Les courses lui rapportent de l'argent.
Commère	Réagit au moindre bruit.
Commissionnaire	Grand chasseur.
Communication	Transmission de pensée.
Compagnons	Vieux routiers du Tour de France.
Comparaison	Contrôle d'identité.
Compétition	Coupe réglée.
Comprenons	Pigeons.
Compte rendu	Déclaration de revenus.
	Situation en rapport.
Concert	Exécution publique.
Conciliation	Accord final.
Concours de pêche	La guerre des gaules.
Concussionnaire	Homme d'affaires.
Condamnation	Prononcée avec peine.
Condescendance	Baisse de niveau.
	Hauteur de vue.
Condoléances	Mot de chagrin.
Cône	Pain de sucre.
Confesseur	Fait passer des auditions.
Confession	Opération à cœur ouvert.
Confessionnal	Cabane de pécheurs.
Confiance	Forme de crédit.
Confiteor	Amorce pour le pécheur.
Confusion	Fait passer au rouge.

Congaï	Nanamite.
Congère	Blanc en neige.
Congrégation	Réunion ministérielle.
Congrès	Grand séminaire.
Connivence	Forme d'intelligence.
Conquête	Fille soumise.
Conseil	Travail de nuit.
	Cadeau pas cher.
Conseilleur	Mauvais payeur.
Considération	Distinguée dans les assurances.
Consistoire	Réunion ministérielle.
Consolation	Réduction de peine.
Consommation	Boisson au café.
Conspirateur	Travailleur clandestin.
Contact	Met au courant.
	Rencontre explosive entre conducteurs.
Contagion	Mal repassé.
Contamination	Transfert d'affection.
Contente	Satisfait ou satisfaite.
Contorsionniste	Un tordu du music-hall.
Contraste	Résultat obtenu par l'opposition.
Contre	Très proche ou très éloigné.
Contrebandier	Travaille au noir dans l'import-export.
Contrechamp	Vue de l'autre côté.
	Plan de l'opposition.
Contrefacteur	Imitateur de Saint-Exupéry.
Contreplaqué	Sous-bois.

Contre-ut	Élevé en plein air.
Contribuable	L'homme pressé.
Contrôleur	Inspecteur ou mouchard.
Convalescence	Entre le mal et le bien.
Convention	Parti au travail.
Cool	Ajouté parfois au baba.
Copier	Pomper à la source.
Copine	Logeuse de cinéma.
Coq	Tombe au village.
	Chanteur maudit.
	Bêtement franchouillard.
	Marin à la cuisine.
Coquetterie	Jeu de dames.
Cor	Dur d'orteil.
Corbeau	Donneur de leçons.
	Homme de lettres de mauvaise réputation.
Corbillard	N'est suivi que si on y met le feu.
Corde	Collier de mariage.
Cordée	Réunion de gens très liés.
Corderie	Crée des liens.
Cordon-bleu	Décoration de cuisine.
Corinthien	Ordre des architectes.
Cornac	Conducteur de poids lourd.
Corne	Source de ressources.
Corolle	Couronne de fleurs.
Corporation	Réunion professionnelle.

Corpulence	Hors-ligne.
Correctionnelle	Chambre de passage.
Correspondante	Femme de lettres.
Correspondre	Avoir des relations.
Corruptrice	Acheteuse indélicate.
Corset	Compresseur.
	Garde-côtes.
Corso	Voie romaine.
Corvée	Service obligatoire.
Corvées	Travaux forcés.
Cosmonaute	Voyageur haut placé.
Cote	Tableau de valeur.
Côtes	Barreaux de cage.
Cothurne	Pompe théâtrale.
Côtier	A toujours vue sur l'amer.
Cou	Sous-chef qui tient tête.
Couac	Canard sauvage.
	Vilain petit canard.
Coucou	Oiseau suisse.
	Cage à oiseau.
Coude	Se lève pour siffler.
Coudre	Aller d'un point à l'autre.
Couette	Est de mèche.
Couffin	Moïse au cinéma.
Coulisse	Se déplace sur un pied.
Coulpe	Toujours battue.
Coup de soleil	On brûle de le prendre.

Coupe de cheveux	Se fait à la tête du client.
Couperet	Détachant.
Cour	Son brin n'est pas plus long que le doigt.
	Peut se faire avec des poulets bien tendres.
	Plat agréable à faire.
	A un côté théâtral.
	Siège de l'amour.
Courrier	Jeu de lettres.
Courses	Rapports de commissions.
Courtine	Masque de page.
Coussin	Atténue les effets du siège.
Coût	Prix de calcul.
Coutellerie	Fonds de lames.
Couturière	La dame des toilettes.
	Fidèle à ses patrons.
Couvée	Œufs pas frais.
Couvert	Dessus de table.
Couverture	Sous la jaquette.
Cover-girl	Modèle de couverture.
Crabe	Marcheur à pinces.
Crachat	Reçu dans l'honneur ou le déshonneur.
Crachin	Eau en poudre.
Crack	Fortiche ou stupéfiant.
Craie	Son bâton fait peur aux ânes.
	Matière à enseigner.
Crainte	Petits jetons.

Cramé	Victime d'un coup de feu.
Cran	Bon estomac.
	Sur la tête ou à la ceinture.
Crâne	Boîte à idées.
Crâneur	Poseur de mines.
Crase	Contraction de la langue.
Crasse	Coup bas.
Crassier	Éminence noire.
Cratère	Cheminée de chauffage central.
Cravate	Étrangleuse de limaces.
Créancier	Payé de retour.
Création	Acte de naissance.
Création du monde	Première mondiale.
	Du boulot à la petite semaine.
Crèche	Étable garnie.
Crédence	Console des ministres.
Crédit	Avoir ou pouvoir.
	Service à la carte.
Créditer	Faire entrer en ligne de compte.
Crédits	Roulements de caisse.
	Fonds mouvants.
Credo	Celui du paysan est un vieux tube.
Crédule	Poire presque mûre.
Crédulité	Abus de confiance.
Crémation	Feu et flammes.
Crématoire	Il n'y a pas de fumée sans feu.
Crème	Est dans les choux.

Crémone	Espagnolette à l'italienne.
Crénothérapie	Retient à la source.
Crêt	Une arête dans la gorge.
Crétinisation	Production télévisuelle.
Creuset	Centre de formation.
Crevaison	Incident de parcours.
Cri	Fort accent.
	Dernière expression à la mode.
	Perce-oreille.
Cric	Souleveur de masses.
Crie	Prend un accent aigu.
Crime	Mal fait.
	Forfait à payer.
Crinoline	Panier garni.
	Cache-pot.
Crise	Conduit à la cellule ou au cabanon.
	Retour d'affection.
	Guerre des nerfs.
Critique	Juge très médiatisé.
Croa	Lâché par le corbeau.
Crocodile	Bête à pleurer.
Crocodiliens	Ont plus d'un sac dans leurs tours.
Croix	Signe pour signer.
Cromlech	Enceinte depuis très longtemps.
Croquignolette	Drôlement mignonne.
Crottin	Selles de chevaux.
Croupier	Meneur de jeu.

Croûte	Navet à l'huile.
	Huile de mauvaise qualité.
Croûton	Morceau de flûte.
	Bout de ficelle.
Croyance	Crédit ouvert.
Cru	Nature.
	Sort indemne des embouteillages.
	Dépendance du château.
	Souvent châtelain.
	Pas cuit mais très salé.
Cruciverbiste	Accroché aux grilles.
Crue	Montée dans un lit.
Cruelle	Belle indifférente.
Crypto	Chiffre… à un gramme près.
Cryptocommuniste	A des dessous rouges.
Cryptogramme	Circule en code.
	A une écriture difficile à déchiffrer.
	Exige une bonne connaissance du code.
Cueillette	Récolte de nèfles.
Cueilloir	Perche à saisir.
Cuir	Peau d'âne.
Cuirasse	Protection rapprochée.
Cuiseur	Cocotte avec auto.
Cuisinier	Garçon de recettes.
Cuisinière	Petit piano.

Cul-de-basse-fosse	À la fois au château et dans les bas-fonds.
	La pièce du fond.
Culot	Front populaire.
	Gros estomac.
Culotte	Portée avec autorité.
Culotté	Montre son estomac mais pas ses fesses.
Culottier	A besoin de fonds pour travailler.
Culpabilité	Sentiment complexe.
Cuniculiculture	Pourrait s'étudier au quartier lapin.
	Très sensible au coût du lapin.
Cure	Prise d'eau.
Curiste	Buveur d'eau.
	Vichyssois par opportunisme.
Curriculum vitae	Œuvre autobiographique.
	Les choses de la vie.
Cursive	Anglaise à la page.
Curule	Siège de Rome.
Cutter	Force de frappe.
CV	Cheval mécanique.
	Cheval plein d'énergie.

D

Da	Feu vert en Russie.
Dactylologie	Ne s'entendait pas parler.
Dactyloscopie	Empreinteuse.

Dahir	Arrêté à Rabat.
Dais	Ciel bas.
Dalle	Creuse si on l'a.
	Rincée quand elle est en pente.
Daltonien	Ne confond quand même pas les cocos et les écolos.
Damier	Tablier à carreaux.
Damné	Feu d'enfer.
Damner	Envoyer au diable.
Damoiseau	Un jeune homme d'un certain âge.
Dan	Se mesure à la ceinture.
Dancing	Boîte à musique.
Dandy	Chic type.
Danger	La légende de la tête de mort.
Danseur (mondain)	Entraîneur sur piste.
Darse	Bassin méditerranéen.
Datcha	Villa d'Est.
Datte	Fait partie d'un régime alimentaire.
Daube	Chine.
De	Charnière de rallonge.
Dé	Pousse à la reprise des affaires.
	Pousse au bout du doigt.
	Machin à coudre.
Dealer	Vend de la blanche au noir.
Déambulation	Longue marche.
Deb	Vient au monde en dansant.
	Jeune danseuse mondaine.

Débat	Mots croisés.
Débine	Purée épaisse.
Déboulonnage	Levée d'écrou.
Débraillé	Tenue sans retenue.
Débroussaillement	Opération contre le maquis.
Débutante	Demi-mondaine.
Décès	Passage à sens unique.
Déchéance	Mauvaise chute.
Déclamation	Coup de pompe.
Déclaration	Pour l'amour ou pour la guerre.
Déclaration d'impôts	Confession douloureuse.
Décor	Sortie de route.
Décorateur	Fabricant de cadres.
Découdre	Ôter des points.
Décousu	A perdu le fil.
Décrue	Descente de lit.
Dédicace	Mot d'auteur.
Dédicacer	Faire un envoi.
Dédit	Fait payer le cochon au prix fort.
Dédoublement	Duo de soliste.
Défaut	Paille de fer.
	Moindre mal
Défilé	Gorge serrée.
Défouraille	Dégaine.
Dégel	Tout en fonte.
Dégénéré	L'idiot de la famille.
Dégrèvement	Décharge publique.

Dégrossissage	Exécution sommaire.
Déité	Être supérieur.
Délatrice	Vendeuse à la sauvette.
Délié	Fin dans les lettres.
Délivrance	Sortie des enfants.
Delta	Grecque de Camargue.
Déluge	Tombe des nues.
Démagogie	Basse cour.
Démarreur	Se tire pour partir.
Déménagement	Échange de pièces.
Demi	Verre ou coupe.
Démilitarisation	L'adieu aux armes.
Demi-livre	L'Être ou le Néant.
Demi-sel	Insuffisamment affranchi.
Démission	Accident dans une carrière.
	Abandon de poste.
Démocratie	État civil.
Démolir	Raser les murs.
Dénigrement	Entreprise de ravalement.
	Entreprise de démolition.
Dénombrer	Compter sur les autres.
Dénoncée	Bien balancée.
Dénouement	Pas forcément plus long, quand l'intrigue est bien ficelée.
Dent	On l'a quand on la saute.
	La sagesse incarnée.
	Pic à glace.

	Grande aiguille.
	Gardée avec rancune.
Dentelle	Oh ! les beaux jours !
Dentier	Fait claquer du bec.
Dentifrice	Produit d'entretien pour l'émail.
Dents	Casse-croûte.
Deo	Bénéficiaire de l'acte gratuit.
Déontologie	Devoirs de morale.
	Conscience professionnelle.
Départ	Premier point.
Dépit	Amoureux de Molière.
Déplanter	Bouger les pieds.
Déposition	Exercice à la barre.
Dépouillement	Voie des voix.
Dépression	Capitulation de la résistance.
	Ressort cassé.
Député	Vedette de la représentation.
Der	Nom de guerre.
Dérangement	Contre-ordre.
Déraper	Chasser en voiture.
Dératé	Bon coureur.
Dératisation	Risque d'être mal comprise à l'Opéra.
Dérive	Laisser-aller.
Dernier	Premier à l'envers.
Déroger	Manquer de respect.
Déroute	Front fuyant.
	Retraite importante.

Descente	Action en baisse.
Description	Inventaire détaillé.
Déserteur	Infidèle au poste.
Désertion	L'adieu aux armes.
Déshabillé	Robe du soir.
Desiderata	Lettres au Père Noël.
	Liste d'attente.
	Des absences regrettées.
Désintoxication	Rupture avec un régime coco.
Désir	Locomotive ou tramway.
Desperado	Kamikaze espagnol.
Dessein	Ligne de visée.
Dessin	Travail à la mine.
	Plus léger que l'huile.
Dessins animés	Ont eu un chat avant d'avoir une souris.
Dessus-de-lit	Couverture supplémentaire.
Destin	Auteur de biographies.
	Marque de naissance.
	Une vie de roman.
Destinataire	Objectif d'une expédition.
Destinée	Une carrière toute tracée.
	La vie devant soi.
Détective	Poulet chasseur.
Dételer	Libérer d'un joug.
Détente	Baisse de tension.
Détour	Le prix de l'intérêt.

Détournement — Un risque pour les mineurs et les aviateurs.

Dette — Ardoisière.

Deuil — Fait vendre des crêpes.

Deus ex machina — Personnage providentiel.
Le Zorro de la chanson.
Auteur dramatique.
Force d'intervention.

Déveine — Pot cassé.

Devenir — Le changement dans la continuité.

Deviné — Compris entre les lignes.

Devinette — Colle à dessin.

Devis — Travaux d'approche.
Message chiffré.
Œuvre d'anticipation.

Deviser — Parler, mais pas forcément argent.

Dévissée — Sortie de son trou la tête la première.

Dia — Mot d'ordre pour la gauche.

Diableries — Quatre cents coups.

Diagnostic — Mal repéré.
Mal défini.

Dialogue — Produit d'entretien.

Diamètre — Appartient à un cercle.

Diams — Pierres de rivière.

Diane — Réveille tout le quartier.

Diatribe — Attaque avec des piques.

Dictionnaire — Jeu de mots.

Dièse	Accident en plein air.
	Accident professionnel pour un musicien.
	Hausse le sol.
Dies irae	Chant du départ.
Diète	Ceinture médicale.
Diététique	Rationalisme.
	Fondement du régime.
Digression	Écart de langage.
Diluée	Étendue d'eau.
Dîme	Vol régulier.
	Prise de bénéfices.
Diminutif	Dédé ou Lulu.
Dînette	Souper feint.
Dinosaure	Bêtement disparu.
Dipsomanie	Pousse à la consommation.
Directionnel	A toujours un sens précis.
Dirigeable	Ballon ovale.
Dirimant	Dissolvant pour le ménage.
Dirlo	Conducteur de bahut.
Discothèque	Musée de l'air.
Disette	Quand elle arrive, on la saute.
	Fabrique de ceintures.
Disparité	Cause de déséquilibre.
Dispos	Supplément de frais.
Disposition	État des lieux.
Disque	Ensemble de plages.

Dissoner	Jouer du désaccord d'harmonie.
Distances	Gardées dans la réserve.
Distension	Résultat du tirage.
Distiller	Faire de l'esprit.
Distinction	Affaire d'honneur.
Distique	Vers solidaires.
Distribution	Jeu de rôles.
Divagation	Delirium très mince.
Divan	Piège à bécasses.
Divorce	Défait des nœuds.
	Remue-ménage.
Dodo	Premier sommeil.
Dodu	Demi-gros.
Dog	Chien d'Anglais !
Doigt	Mesure à la main.
Doit	Mieux vaut l'avoir.
Dôme	Timbale milanaise renversée.
Domesticité	Personnel mais particulier.
Domicile	Fixe avec adresse.
Dommage	Mal fait.
Dompteur	Morceau de roi.
Donc	Partant.
Donjon	Tour de force.
	Fort intérieur.
Dormeuses	Femmes en couches.
Dormir	Prendre un repas au lit.
Dorsale	Montagnarde ou sous-marine.

Dortoir	Salle des pages.
Dos	Haut lieu d'une charge.
Dossard	Survêtement de sport.
Dossier	Chemise avec des pièces rapportées.
Dot	Prime au mariage.
	Le meilleur de la tarte.
	Produit de beauté.
	Enjoliveuse.
	Propriété du parti.
	Prime de risque.
	Enrichissement personnel.
Douairière	Reste de gratin.
Douanier	Garde-barrière.
Doublure	Acteur de complément.
	Sous le manteau.
Doucement	Piano français.
Doucette	Mâche.
Douche	Ondée passagère.
	Calmant qui se prend avec de l'eau.
	Jus de pomme.
Douves	Tour de château.
	Vers plats.
Drag	Voiture de courses.
Dragage	Opération en cours.
Dragée	Balle populaire.
Drageonner	Repousser du pied.
Dragon	Fabuleusement vertueux.

Dragueur	Chasseur de souris.
Drapeau	Pavillon arboré.
	Pavillon d'exposition.
Dream	Le rêve américain.
Drink	Pot anglais.
Drisse	Élève des perruches et des perroquets.
Drive	Coup de crosse.
Drogué	Fana de neige.
Droguer	On peut le faire avec un lapin.
Droit	Est direct ou fait un crochet.
Droite	Ligne directe.
Drummer	Chef de batterie.
Dualité	Agent double.
	Réunion contradictoire.
Ducat	Pièce qui se passait à Venise.
Duègne	Vieille garde.
	Chaperon gris.
	Couverture espagnole.
	Donnait des leçons de conduite.
Duel	Échange de coups de fil.
Duffel-coat	Capote anglaise.
Duit	Lit supplémentaire.
	Cours complémentaire.
Dulcinée	Dame de cœur.
Dunes	Sables mouvants.
Duo	Double jeu.
	Toi et moi.

	Elle et lui.
	Collaboration artistique.
Dupe	Pigeon ou dindon.
Duper	Attraper un pigeon.
Duperie	Règle de jeu.
Duplicata	Produit de remplacement.
Dur à cuire	Grand résistant.
Dure	Ne passe pas.

E

Eau	Élément de gouttière.
	Jus de poissons.
	Ne dort pas souvent sous les ponts.
	Don du ciel.
Eau de mélisse	Remonte-pente.
Eau-de-vie	Esprit étourdissant.
Eau-forte	Planche à dessin.
Ébauches	Grandes lignes.
Ébène	Il fait noir dans les cabinets.
Éboueur	Fait la tournée des boîtes.
Éboulement	Descente sur le terrain.
Ébréchure	Manque de bol.
Ébriété	État qui a des ronds.
Écale	Gîte à la noix.
Écart	Grand de la danse.
Écartèlement	Résultat du tirage.

Ecce homo	Un sujet épineux en art.
Ecchymoses	Souvenirs de tournées.
Ecclésiastique	Profession de foi.
	Ministre sans portefeuille.
	Ministre des affaires cultuelles.
Échafauds	Montures de lunettes.
Échanson	Serviteur de l'office du vin.
Échappatoire	Sortie de secours.
Écharde	Petit bois.
Échauffourée	Engagement dans l'armée.
Échauguette	Tour de garde.
Échéance	Terme financier.
Écho	Report de voix.
	Réflexion à haute voix.
Échotier	Bruiteur.
	Potineur artistique.
Échouer	Se mettre en grève.
Éclaboussures	Attaque de gouttes.
Éclair	Coup d'éclat.
	Ligne de feu.
	Coup de foudre.
	Trait de lumière.
Éclairage	N'est condamnable que par défaut.
Éclat	A volé mais pas tout seul.
Éclater	Péter bruyamment.
Éclore	Arriver comme une fleur.
	Casser des œufs.

Éclosion	Fait péter les boutons.
École buissonnière	Forme les écolos.
Écologiste	Vert mais rose sur les bords.
	Restaurateur de cadres.
Écologistes	Verts avec des nuances.
Économe	Chiche.
Économie	Ni gain ni dépense.
Économies	Mises en bas et à gauche.
	Espèces protégées.
	Oseille en conserve.
Écorce	Protectrice de charme.
	Peau dure.
Écorché	Corps enseignant.
Écornifleur	Parasite du pigeon.
Écosser	Travailler pour les cocos.
Écot	Frais de participation.
Écouter	Se mettre discrètement à table.
Écouteur	Pour une réception intime.
Écrémer	Faire maigre.
Écrevisse	Rougit quand elle est en nage.
Écrire	Coucher sur des pages.
Écrit	Mis en page.
	Épreuve sur papier.
Écritoire	Boîte à lettres.
Écrivailleuse	A une plume d'oie.
Écroué	Enregistré au violon.
Ecstasy	Produit pour le pied.

Ectoplasme	Esprit brumeux.
Écu	Exposition de meubles.
Écumer	Se faire mousser.
Écureuil	Petit épargnant.
Écurie	Chambre avec bidet.
Écus	Fonds de boulangère.
Écuyère	Une artiste qui monte.
Édenté	Privé de casse-croûte.
	Le paresseux l'est s'il est bête.
Édit	Nantais révoqué.
	Page de roi.
Édités	Convertis en livres.
Édulcoration	Travail en douceur.
Effets	Affaires courantes.
Effigie	Visage frappé.
Effort	Épreuve de force.
Effraction	Entrée interdite.
Effraie	Chouette mais fait peur.
Égal	Homo.
Égalisation	Passage à niveau.
Égalitaire	Cherche à généraliser l'emploi du kif.
Égalité	Mythe républicain.
Égard	Endroit ou envers.
Égards	Considérations distinguées.
Égarement	Trouble-tête.
Égarer	Fausser la direction.
Égérie	Manipulatrice de marionnettes.

	Conseil d'artiste.
	Souffle en politique.
	Muse à règne
Egg	Œuf de cook.
Eggs	Œufs au bacon.
Ego	Meneur de je.
Égoïste	Porté sur lui.
Égorgeur	Coupe le sifflet.
Égorgeuse	Une femme qui saigne.
Égotisme	A laissé de bons souvenirs à Stendhal.
Égout	La fin de tout.
	Passage souterrain.
	Sent souvent mauvais de la bouche.
	Collecteur de fonds.
Égratignons	Griffons.
Égratignure	Moindre mal.
Égrène	Écosse.
Ein	Un étranger.
	Cœur en peine.
	Unité allemande.
Éjection	Sortie précipitée.
Élagueur	Homme de haute taille.
Élan	Réaction à chaud.
	Éclair de chaleur.
Élargissement	Laisser-aller.
Élastique	Entrave à la libre circulation de l'argent.
Élections	Tours organisés.

Électorat	Porte-voix.
Électrice	Femme en carte.
Électricité	Jus.
Électrochocs	Mettent un monde fou au courant.
Électroménager	Des domestiques mis au courant.
Électropuncture	Fait des pointes en courant.
Électrum	Mariage d'argent.
Élégie	Le langage des pleurs.
	Plainte pour un poète.
	Transmission de plaintes.
Éléments	Quatuor classique.
Élève	Hausse ou suit les cours.
Éleveur	Responsable de la batterie.
Éliminatoire	Épreuve comprenant une partie d'échecs.
	Premier choix.
Éliminatoires	Choix des épreuves.
Élision	Lettre dérobée.
	Effacement devant l'adversaire.
Élite	Le meilleur des mondes.
	Fleur rare.
	Haute société.
Élitisme	Cuisine à la crème.
	Un choix gratiné.
Élixir	Philtre à essence.
Éloignement	Grand écart.
Élongation	Fort tirage.

Élu	Vainqueur du tour.
	Arraché à la masse.
	Encouragé de la voix.
	Son choix est fait.
Élue	Dame de cœur.
Élytre	Aile protectrice.
Émail	Couche dans la baignoire.
Émanation	Bouffée à la sortie.
Émaux	Compagnons de camées.
Emballement	Coup de feu.
Emballer	Faire le ballot.
Embardée	Écart de conduite.
Embarquement	Montée en Watteau.
Embarras	Troubles de la circulation ou problèmes gastro-intestinaux.
Embauchoir	Forme de chaussure.
Emboîtage	Couverture de livre.
Emboîter	Suivre au pas.
Embonpoint	État prospère.
Embossure	Nœud marin.
Embourgeoisement	Accession à la propriété.
Embrouille	Productrice de pastis.
Embuscade	Montée pour descendre.
Émeri	Dérouille souvent.
Émétique	Composition à rendre.
Émeut	Saisit ou interdit.
Émiettement	Multiplication des divisions.

Émincé	Partie fine.
Éminence	Haut personnage.
Émission	Sortie des studios.
Émissions	Produites à la chaîne.
Émondeur	Homme de grande taille.
Émorfiler	Ôter les arêtes.
Émoulu	Toujours frais.
Emphase	Espèce d'enflure !
	Coup de pompe.
Emplettes	Résultat des courses.
Employée de maison	Bonne nouvelle.
	Moins bonne qu'avant.
Empoigne	Activité foraine.
Emportement	Coup d'éclat.
Emporte-pièce	Détachant.
Emporter	Prendre sur soi.
Empreintes digitales	Marques déposées.
Emprise	Ascendant direct.
Emprunteur	Tailleur d'ardoises.
Émulation	Moteur de compétition.
Enamouré	Son air est langoureux.
Énarque	Figure de haute école.
Encadré	Remarquable avec des filets de canard.
Encager	Engeôler.
En-cas	Acompte prévisionnel.
Encaserner	Loger dans le quartier.
Enceinte	Prise mais sera délivrée.

Encerclement	Au bord du siège.
Enclore	Mettre enceinte.
	Faire le mur.
Enclume	Dure d'oreille.
Encre	Mauvais sang.
Encyclopédie	Grosse somme.
	Source de lumières.
End	Terme anglais.
Endémie	Mal installé.
Endetté	Toujours devant.
Endettement	Entreprise ardoisière.
Endoctrinement	Opposé à la liberté de l'enseignement.
Endossataire	Tiers du titre.
Endroit	Ici ou là.
Endurance	Résistance active.
Énergie	Punch à la pêche.
Énergique	Fort avec du punch.
Enfant	Relativement facile à concevoir.
Enfant de chœur	Commis d'office.
Enfer	Pays chaud.
	Le coin du feu.
	Célèbre rôtisserie.
Enfler	Changer de volume.
Enfleurage	Mise au parfum.
Enfonçons	Plongeons.
Engagement	Prise de position.
	Choix des armes.

Engeance	Bas monde.
	Bande de maudits.
Engobe	Terre à terre.
Engober	Tourner autour du pot.
Engouement	Façon de se coiffer.
Engraisser	Dépasser la ligne.
Engramme	Souvenir marquant.
Engueulade	Procès verbal.
Engueule	Incendie.
Enguirlandé	Décoré mais non félicité.
Enguirlander	Attraper ou parer.
Énigme	Mise sous clé.
	Disparaît avec la clé.
Enjeu	Poule séduisante.
	Mis dans la cave.
Enjôleur	Menteur de charme.
Enlèvement	Prise de position.
Enlisée	Retenue en chemin.
Enlisement	Accident de terrain.
	Mise en vase.
	Entrée en matière.
Ennéade	Pléiade enrichie.
Ennui	Effet du rasoir.
	Morne peine.
	Rase gratis.
Enquête	Tour de piste.
Enracinement	Interdit aux nomades.

Enragée	Vachement peu nourrissante.
Enregistré	Conservé dans une cassette.
Enregistrement	Œuvre gravée.
Enrichir	Mettre à l'aise.
Enrichissez-vous	Conseil financier.
Enrobage	Enveloppe commerciale.
Enrouement	Prise de voile.
Ensablé	Interdit d'avance.
Enseigne	Panneau de signalisation.
Ensiler	Verser dans la réserve.
Ensoleillement	Affaire d'État.
Ensoutané	Envoyé en cure.
Entendement	C'est à n'y pas croire, mais il lui arrive de se laisser dépasser.
	Souvent dépassé par les événements.
Entendre	Saisir par l'oreille.
Entendue	Ouïe.
Entéralgie	Tord-boyaux.
Enterré	On lui a payé une bière.
Enterrement	Aller simple.
Entichement	Coiffeur.
Entier	Ne manque de rien.
Entorse	Manque de respect.
Entourloupe	Crasse.
Entracte	Entre deux rideaux.
	Suspension de séance.
Entrailles	Porteuses de fruits.

Entrain	Allant à la pêche.
Entraîner	Mettre en forme.
Entrave	Comprend l'argot.
Entre-deux-guerres	Le repos du guerrier.
Entrée	Passage initial.
Entremetteur	Auteur de rapports.
Entre-rail	Voie intérieure.
Entresol	Est de bas étage.
Entretien	Souci des conservateurs.
Entrevue	Brève rencontre.
	Peu distinguée.
Énucléation	Retrait à vue.
Énumérant	Détaillant.
Énumération	Colonne par un.
Énurésie	L'affaire des fuites.
	Laisser-aller.
	Mouille les pages.
Envahir	Chercher une occupation.
Envers	Pile de pièces.
Envoûtement	Coup du sort.
Éolienne	Travaille en plein courant d'air.
Éoliharpe	Instrument à vent.
E.O.R.	Son avenir tient à un fil, pas à une ficelle.
Éosine	Rouge sang.
Épanchement	Part du cœur ou du genou.
	Hémorragie du cœur.

Épanouissement	Développement réussi.
Épargne	Espèces de caisses.
Épatant	Chouette ou vieux canard.
Épate	Cinéma à petit budget.
Épaules	Souvent en hausse quand l'intérêt est en baisse.
Épaulettes	Pattes de cabot.
Épée	Fer à fil.
	L'arme à gauche.
Épellation	Lecture détaillée.
Éperon	Nez pointu.
Éperonner	Piquer du nez en mer.
Épervier	Chasse ou pêche.
Épi	Chapeau de paille.
	Est sur la paille.
	Tifs rétifs.
	Difficile à plaquer.
Épicurisme	Prépare à la licence de grec.
Épidémie	Maladie courante.
Épie	Garde à vue.
Épilation	Occupation de poilus.
	Extraction de racines.
Épilogue	Suite et fin.
Épingle	Microcéphale.
Épiscopat	Un corps tout violacé.
Épissure	Joint de chanvre.
Épistolier	Se confie volontiers aux poulets.

Épitaphe	Écrite pour la postérité.
Épithalame	Recommandations pour faire le ménage.
Épithète	Surnom.
Épluchures	Plus ou moins grosses sur la patate.
Éponge	Buveuse souvent pressée.
	Pompe à eau.
Épouvantail	Chasseur d'oiseaux.
Épreuve	Première impression.
Épreuves	Résultats du tirage.
	Planches de placards.
Éprouvette	Berceau de la culture.
Épure	Œuvre cotée.
Épurge	Huile de vidange.
Équateur	Tour du monde.
	Ligne maritime.
Éradication	Travail d'arrache-pied.
	Disparition volontaire.
Éraflement	Couronnement traité par-dessus la jambe.
Ère	Le temps du palindrome.
	Temps variable.
Erg	Roseraie ensablée.
	Sables mouvants.
	Grand sablé.
Ergo	Est donc latin.
Ergonomiste	À la recherche du temps perdu.
Ergote	Chinoise.

Ergoteur	Passe par la chicane.
Ergothérapie	Fait bosser les bossus.
Ermitage	Point de retraite.
Ermite	Retraité sans sécurité sociale.
	Père solitaire.
Erratisme	Régime passe-partout.
Erratum	Revient sur une mauvaise impression.
Erreur	Manifestation d'humanité.
	Humaine... mais souvent bête.
Ersatz	Substitut.
Érubescence	Fard de jeune fille.
	Feu rouge.
Éructation	Une émission qui ne convient pas à tous les publics.
Éructé	Lancé à plein gaz.
Érudites	Perles de culture.
Es	Pour un docteur, pas pour un médecin.
Esbroufeuse	Actrice de cinéma.
Escadrille	Compagnie aérienne.
Escale	Arrêt au port.
	Échelle de marin.
	Gare à la flotte.
	Retour à la terre.
Escalier	S'élève en cage.
Escapade	Fugue mineure.
Escarcelle	Sac de blé.
	Poche de liquide.

Escarpe	Frappe.
Escarpolette	Siège de jardin.
Esclavage	Condition imposée.
Esclave	Homme en réduction.
Escrime	Discipline de fer.
	Art du fer.
Escrimeuse	Dame de fer.
Escroc	Aime le pigeon mais pas le poulet.
Escroquer	Plumer des pigeons.
Esgourdes	Portugaises logées dans des pavillons.
	Portugaises à ouvrir.
Ésotérisme	Cache-texte.
Espar	Mât de fortune.
Espèces	Liquide que l'on verse.
Espérance	Présence du futur.
	Fait patienter.
Espingole	Le vieux fusil.
Espion	Homme à l'affût.
	Oreille interne.
Esplanade	Place libre.
Espoir	En toute bonne foi.
Esprit	Gin ou Djinn ?
	Écouté à table.
Esprit-de-sel	Rongeur.
Esquisse	Début de représentation.
Essaim	Suite royale.
	Masse laborieuse.

	Grand ensemble.
	Agglomération ouvrière.
Essaimage	Mouvement séparatiste des colonies.
Essais	Sportifs ou littéraires.
Essayages	Font passer et repasser.
Esse	Cheville tordue.
	Une lettre bien tournée.
Essence	Ne se consomme pas sur place.
	Mise en nourrice à coups de pompe.
Essentialisme	N'avait pas la cote à Saint-Germain-des-Prés.
Essentiel	Tout le capital.
Essor	Décollage immédiat.
Essorage	Chasse d'eau.
Essuie-glace	Collectionneur de papillons.
Est	Point du jour.
Establishment	Politiquement correct.
Estacade	Jetée sur des pieux.
Estafilade	Coup de fil.
Estaminet	Café qui sent le bouchon.
Esthéticienne	Fait la belle.
Estimons	Prisons.
Estomac	Poche à remplir.
	Compartiment du buffet.
Estrade	Fait monter les prix.
Estran	Entre deux mers.
Estrapade	Séance suspendue.

Estuaire	Gironde au lit.
Et	Lie.
	Le cœur en fête.
Étable	Une sacrée vacherie.
Étain	Ses papiers sont brillants et ils peuvent emballer.
Étais	Au bord de la ruine.
Étal	Place du marché.
	Une place exposée.
Étalagiste	Expose ses créations.
Étalé	On en a fait toute une tartine.
Étalon	Père exemplaire.
Étanche	Dans l'impossibilité de fuir.
Étape	Cité-dortoir.
	Brûlée sans arrêt.
État	En danger quand il est dans le coup.
État civil	Contrôle des naissances.
État-major	Directeur de troupe.
États	Généraux de l'Ancien Régime.
Étau	Presse ouvrière.
Etc	Agglomération réduite.
	Ramasse-miettes.
	Reste comprimé.
	Inventaire bâclé.
	Ne comprend pas l'essentiel.
	Rassemblement de suiveurs.
Été	Videur à Paris.

	Temps de cuisson.
	Bourre les côtes.
	Indien d'Amérique du Nord.
Éteindre	Ôter le jus.
Étendre	Coller dans un bahut.
Éternel	Père de l'Église.
	Père exceptionnel.
Éternelle	Hors d'âge.
Éternité	Temps mort.
Éternuement	Émission qui peut surprendre.
Éteuf	Balle paumée.
Éteule	Trouve un emploi grâce au chaumage.
Éthéromane	Ne se soûle pas d'air pur.
Ethnie	A des mœurs particulières.
Ethnographe	Mêlé à des affaires de mœurs.
Étincelles	Pètent le feu.
	Éclats de silex.
Étiquette	Règle rigide.
Étiré	A obtenu une rallonge.
Étisie	Démesure de la langueur.
	Donne de maigres résultats.
Étoc	Dur à la coque.
	Naufrageur.
Étoile	Facteur de chance.
	Belle de nuit.
	État américain.
Étonnement	Boucheur de coin.
	Souffleur.

Étourdissement	Effet de vapeurs.
Étrangleur	Manuel du crime.
Être	Penser comme Descartes.
	Désolé s'il manque.
Être ou ne pas être	La question franco-anglo-danoise.
Étreinte	Attachée d'embrassade.
Étrenné	Employé sans expérience.
Êtres	Les connus dans la maison.
Étrier	Dur d'oreille.
Étripage	Opération bidon.
Étrivières	Vont à la selle.
Étron	Abandon de chien.
	Merde alors !
Étude	Liberté surveillée.
Étudiant	Élève au niveau supérieur.
Étudier	Se faire de nouvelles connaissances.
Étuve	Pièce bien chauffée.
Eucharistie	À base de pain et de vin.
Euh	Un mot pour un autre.
Euphémisme	Mot doux.
Euphonie	Effet de langue dans l'oreille.
Eurêka	Poussé dans le bain.
Euthanasie	Service médical.
	Départ donné.
	Aide au départ.
	Départ précipité.
Évacuation	Proche de la retraite.

Évaluation	Mise à prix.
	Distribution des prix.
Évanouissement	Disparition totale ou absence provisoire.
Évasion	Belle de maison close.
	Belle de jour comme de nuit.
Éveil	Acte de naissance.
Événement	Heureux avec un enfant.
Éventaire	Table des matières.
Éventualité	Concours de pronostics.
Évêque	Point cardinal.
Éviction	Action de chasse.
Évidence	Porte ouverte.
Évier	Bac des arts ménagers.
Évocation	Faite de mémoire.
Exagération	Grosseur suspecte.
	Broderie de Marseille.
	Tendance à grossir.
Exaltation	Poussée de fièvre.
Examen	Tour de contrôle.
Examinatrice	Madame le juge d'instruction.
Exaucement	Heureux dénouement.
Excellence	Est d'un bon prix.
Excommunication	Sortie de l'Église.
Excuse	Blanchisseuse.
Excuses	Gomme plate.
	Sorties de secours.

Exégète	N'est pas auteur mais interprète.
Exemple	Donné pour éclairer.
Exempter	Faire grâce.
Exercice	Assouplisseur.
Exigence	Forte demande.
Exorbitant	Coûte les yeux de la tête.
Exorciseur	Malin et demi.
Exorcisme	Chasse d'eau (bénite).
Exorciste	L'âme de la conjuration.
Expédient	Convenable ou souvent douteux.
Expérimentation	Épreuves avec corrections éventuelles.
Expier	Payer un forfait.
	Faire une réparation.
Expirer	Cesser d'avoir l'air inspiré.
Express	Café de café.
Expurgations	Réductions accordées aux enfants.
Expurger	Découper le cochon.
Extorsion	Carottage sous pression.
Extra	C'est un garçon !
	Supplément pour le service.
Extradition	Livraison à domicile.
	Retour à la terre.
Extralucide	Très voyante.
Extrémiste	Hostile au milieu.
Eye-liner	Fond en larmes.

F

Fabophile	Tire doublement profit de sa galette.
Façonnement	Formation professionnelle.
Factage	Port de commerce.
Fada	A une grande maison à Marseille ou un simple cabanon.
Fado	Deux notes ou beaucoup plus.
Faïence	Fait la vaisselle.
Failli	Victime du devoir.
Faillite	La fin des moyens.
	Sinistre des finances.
	Problème d'échec.
Faim	Descente d'estomac.
Fainéantise	Grosse cosse.
Faire-valoir	Opposition assez constructive.
Fair-play	Sport peu pratiqué.
Faisane	La poule d'un magouilleur ?
Faîte	Élevé dans la montagne.
Falaise	Mur de l'Atlantique.
	Côte cassée.
Falbala	Volant bas.
Famine	Grande ceinture.
	Cri de la cigale.
Fan	Favorable au culte de la personnalité.
Faneur	A du foin dans ses bottes.
Fanfaron	Faux crâne.
Fanfreluche	Accessoire de toilette.

Fangothérapie	Elle nous couvre de boue et on la recommande avec chaleur.
Fantôme	Mort vivant.
Farandoles	Théories très gaies.
Fard	Piqué en passant au rouge.
Farder	Travailler à la mine.
Fariner	Blanchir en cuisine.
Farlouse	Pipit en l'air.
Farniente	Délice de Capoue.
	Dolce vita.
Fascination	Grande séductrice.
Fast-food	Nouvelle cuisine.
Fatma	Femme de main.
Fatuité	Étalage suffisant.
Faubert	Vadrouille sur le pont.
Faubourg	Point central.
Faucille	Faux communiste.
Faute	Défaut ou délit.
Fauter	Se laisser tomber
Fauteuil	Œuvre posthume de Voltaire.
Fauteur	Responsable irresponsable.
Faux-monnayeur	Reproducteur d'espèces protégées.
Favela	Pauvre home brésilien.
Faveur	Petite fleur.
Fée	Une femme charmante.
Feinte	Faux mouvement.
Feldwebel	Juteux outre-Rhin.

Fêle	Trompette en verre.
Fellah	A fait la campagne d'Égypte.
Félon	A perdu la foi.
Féminisme	Honneur aux dames.
Fenil	Le coin du foin.
Fente	Petit écart.
Fentes	Jours plus ou moins longs.
Fer	Dur... à croire.
	Semelle de sabot.
Ferblantier	Habitué du zinc.
Ferme	Maison de la culture.
Ferrailler	S'engager dans un croisement dangereux.
Ferrer	Tirer à la ligne.
Ferry-boat	Car naval.
Fers	Libèrent ou enchaînent.
Férule	La palette du maître.
Ferveur	Forte chaleur.
Fessées	Coups de main donnés à des jeunes.
Fesser	Corriger à la main.
	Taper au verso.
	Battre des mains.
Fesses	Sièges pour s'asseoir.
Fête	La journée du patron.
Fétiche	Préservatif.
Fétichisme	Amour fou.
Feu	Fauteur de guerre.

Feuillées	Petit coin de campagne.
Feuilletoniste	Schéhérazade des chaumières.
Fève	Graine de roi.
Février	Ne sera pas encore augmenté cette année.
Fez	Coiffure de ville.
Fiancée	Promise ou accordée.
Fiat	Un mot décisif.
Fichu	Carré d'épaules.
Fidéjusseur	Sujet à caution.
Fidèle	Vieil habitué.
Fiel	Venin de chameau.
Fienter	Faire comme un pigeon.
Fiesta	Java espagnole.
Fifre	Flûte pour les militaires !
Fil	Courant dans les cours.
	Va d'un point à un autre.
	Pour donner des coups ou pour en recevoir.
Filandres	Fils de la Vierge.
Filature	Surveillance suivie.
	Faite en usine ou dans la rue.
Filet	Araignée de mer.
Fileté	Mis au pas.
Fille	Garçon manqué.
Fin	Bout avec des haricots.
	But marqué.

Financement	Vague de fonds.
	Le moulin de la galette.
Fion	Cachet à la main.
Fioul	Domestique et chauffeur.
Firme	Grande boîte.
Fisc	Service de presse.
Flagornerie	Basse cour.
Flamberge	Coupe-vent ?
Flamiches	Bouffes du Nord.
Flanc	Se prête à l'exposition.
	Région proche des côtes.
Flash	Coup d'éclat.
Fléau	Ancien combattant.
Flèche	Fait l'amour.
Flemme	Se tire souvent pendant le week-end.
Flétan	Plat cuisiné.
Fleurette	Conte galant.
Fleuriste	Baudelaire, d'une certaine manière.
Flingot	Descendait sur le front.
Flingue	Nom d'un pétard !
Flinguer	Éliminer par le feu.
Flirt	Cour de récréation.
Flirter	Rester dans la cour.
Flot	Lame bien trempée.
Flots	Grandes ondes.
Flottaison	Ligne maritime.
Flou	Vague artistique.

Fluctuat nec mergitur	Devise stable.
	Parisianisme.
Flûte	Les cinq lettres.
Foi	A une profession déclarée.
	Sauve qui veut.
Folie	Gros grain.
	Brume de cerveau.
Folio	Est à la page.
Fonctionnaire	Homme d'État.
Fontaine	Débit de boisson.
Footballeur	Homme d'équipe mis à pied.
Forage	Entrée en matière.
Forçat	Homme de peine.
Forme	Pêche.
Fort	Point faible.
Fortifiant	Remonte-pente.
Fortune	Bâtie en briques.
Foudre	Coup de feu.
Fouettard	Père redoutable.
Fouetter	Jouer d'un instrument à cordes.
Fougère	Met la crosse en l'air.
Fougue	Coup de feu.
Four	Lieu noir.
Fourbe	Ne vaut pas un franc.
Fourberie	Jeu d'artifice.
Fourmi	Petite épargnante.
	La petite bête qui compte, qui compte.

Fourneau	Tête de pipe.
Fourrière	Prison pour vagabonds.
Fragrance	L'odeur du passé.
Frai	Érosion monétaire.
Frais	Ceux de la princesse ne sont pas faux.
Fraise	Col à manger de la tarte.
Franc	Livre d'or autrefois.
	Balle populaire.
Franchise	Laisser-aller.
Francs	Sous développés.
Franglais	Made in France.
Franquette	Bonne sans façon.
Fredaine	Folie douce.
Fredaines	Équipées avec de petites bombes.
Fressure	Donne du mou.
Fretin	Menu avec du poisson.
Freudienne	La femme de mes rêves.
Frimas	Poudre blanche.
Fripière	Femme d'affaires (occasion).
Froc	Robe ou pantalon.
Frog	Nourriture franco-anglaise.
Fromage ou dessert	Un raccourci indiqué sur la carte.
Fromagerie	Ce n'est pas une sinécure.
Frondeur	Le petit David ou le Grand Condé.
Front	Le coin du feu.
Fronts	Lignes à haute tension.
Frugalité	Un peu au-dessus de la ceinture.

Frustrant	Accusé de déception.
Fuite	Trou d'eau.
Full	Main pleine.
Fulminer	Exploser en bouillant.
Fumer	Tirer sur un diplomate.
	Faire du boucan.
Fumerolle	Au-dessus du volcan.
Fumeur	Contribuable découragé.
	Sapeur ami du caporal.
Funiculaire	Montmartrois câblé.
Furet	Court pour jouer.
Fuscine	Fourchette à poisson.
Fuselage	Corps ailé.
Fusible	Sauteur en politique.
Fusion	Réunion très intime.
Fût	Pièce de château.
Futaie	Petit bois.
Futé	Ficelle.

G

Gâche	Travaille dans la serrurerie ou dans la maçonnerie.
Gâchis	Battu comme plâtre.
Gadin	Se ramasse avec une pelle.
Gaffe	Impair de manche.
Gag	Impayable chez Lloyd.

Gages	Salaire de labeur.
	Braises de la cuisinière.
	Galette maison.
Gain	Récolte de blé.
	Appât efficace.
	A un goût âpre.
Gaine	Fourreau des corps.
Galanterie	Fleurette dans la cour.
Galéjade	Conte de Provence.
Galerie	Case-croûtes.
Galérien	Travailleur à la chaîne.
Galet	Pierre qui roule.
Galop	Train rapide.
Galopades	Courses de chevaux.
Galoubets	Flageolets du Midi.
Gambettes	Membres d'un corps de ballet.
Game	Fait le jeu des Anglais.
Gaminerie	Retombée en enfance.
Gandin	Chic type.
Gang	Association à but lucratif.
Gant	Serre la main.
Garage	Auto-protecteur.
Garagiste	Auto-gestionnaire.
Garance	A fait monter le rouge au front.
	Arletty, on l'appelait comme ça et elle n'en rougissait pas.
Garçonnière	Féminin singulier.
	Vestiaire du coureur.

Garde-à-vous	Position tenue par un militaire.
Garde-boue	Aile protectrice.
Garde-chiourme	Bourreau de travail.
Garde-magasin	Mitomane de quartier.
Garde-malade	Veilleuse de chevet.
Garden-party	Sortie côté jardin.
Garderie	Détention provisoire.
Gardon	Poisson frais.
Gare	Passage de la ligne.
Gargote	Resto du haut-le-cœur.
Gargouillements	Querelles intestines.
Garni	Logement préfabriqué.
Garnison	Réunion de gens du quartier.
Garrot	Collier de serrage.
Gasconnade	Histoire d'Auch.
Gâteau	Génoise ou polonaise.
Gaufrer	Mettre en cloques.
Gaulois	Gaillard d'avant.
Gaz	Explosif avec de l'eau.
Géant	En physique, a beaucoup plus que la moyenne.
Gel	Refroidissement à eau.
	Refroidissement à air.
	On est en froid avec lui.
Gelé	Avec un con, l'est encore plus.
Gelée	Blanche de froid.
Géminer	Faire la paire.

Gémir	S'exprimer avec peine.
Gendarme	Fumé d'un bout à l'autre.
Généalogiste	Sa branche, ce sont les arbres.
Génépi	Armoise à pharmacie.
Général	Les étoiles de la troupe.
Générale	Ce n'est pas son mari qui la battait !
Généraliste	Médecin sans frontières.
Générique	La bande de la bande.
Genèse	Un début à tout.
Génial	Superlatif de super.
Génie	Corps ou esprit.
	Belle bosse.
	Vedette de la Bastille.
Genou	Couronné non sans mal.
Gentiane	L'amère à boire.
Gentleman-farmer	À la fois rural et urbain.
Gentleman's agreement	Parole d'honneur.
Gentry	Crème anglaise.
Géographe	Père d'Atlas.
Geôle	Pièce à clés.
Géomancie	Son avenir est sur la terre.
Gerber	Attacher ses bottes.
Gerbes	Bottes à tiges.
Germination	Casse-graine.
Gérontocratie	Régime pour personnes âgées.
Gésine	État de grosse.
	Travail de dame.

Gestation	Stade du ballon rond.
Geste	Expression corporelle.
	Exploit dans les cycles.
	Sujet de chanson.
Gewurtztraminer	À boire dans un verre ballon ?
Ghetto	Quartier réservé.
G.I.	Américain de la campagne.
Gibier	Repas à prendre.
Gibus	Claque.
Gifle	Coup de main.
Gigantisme	Hausse exceptionnelle.
Gigantomachie	Haute lutte.
	Une sacrée grande famille.
Gigolo	Cher petit ami.
Gigue	La bringue mais pas la java.
Gilet	Rayé d'office.
	Une pièce où l'on pleure.
Gindre	Souvent dans le pétrin.
Girl	Passe en revue
Giroflée	Fleur à la main.
Giron	Sein protecteur.
	Faux sein.
Gisant	Raide mort depuis longtemps.
Gisement	Placer.
Gîte	Lit des bouquins.
Glacis	Terrain militaire.
Glaçons	Cubes en verre.

Glaise	Terre d'artistes.
Glamour	Le charme d'Hollywood.
Glaner	Ramasser du blé.
Glaneur	Ramasse-miettes.
Glas	Coups de bourdon.
	L'adieu aux âmes.
Glissière	Sécurité routière.
Globe-trotter	Homme du monde très instable.
Gloire	Couverture brillante.
	A son jour pour la Marseillaise.
Glouglou	Son du canon.
Glume	Peau de balle.
Glyptothèque	Les camées y sont sous surveillance.
Gnôle	Eau forte.
	Goutte à goutte.
Gnome	Petit laid.
Gnouf	Maison close.
Goal	À l'affût dans les bois.
Gobeur	Balivernivore.
Godillot	Pompe de deuxième pompe.
Golf	A des trous mais pas dans ses culottes.
Golfe	Lion de mer.
Goménol	La goutte au nez.
Gondolage	Un truc tordant.
Gondolier	Vedette de la navigation de plaisance.
Gorge	La place du chat.
Gorille	Poulet à l'huile.
	Singe ou poulet.

Gospel	Sacré chœur.
Gothique	Suite du roman.
Goulet	La porte étroite.
Goulot	Col de fillette.
Gourdin	Arme à percussion.
	Argument massue.
Gourmande	Femme de goût.
Gourme	Jetée en premières noces.
Gourou	Maître de chapelle.
Gousse	Elle a la cosse.
Goût	Aperçu s'il est avant.
	Faible du côté cœur.
	Reconnu par le palais.
Goutte	Elle peut en donner.
Gouvernante	Bonne chère.
Gouvernemental	Soutient la tête.
Grabat	Page des Misérables.
Grabuge	Tas de foin.
Grâce	La blanchisseuse du Président.
Grain	Chère de poule.
Graine	Cassée pour manger.
Grammaire	Elle a des règles importantes.
Grandiloquent	Gonflé à coups de pompe.
	A la langue très enflée.
Grange	Dépôt de gerbes.
Granité	Glace en miettes.
Graphologue	Employé aux écritures.

Graphomane	Obsédé textuel.
Gratis pro Deo	À l'œil.
Gratitude	Reconnaissance de dette.
Gravitation	Une attirance irrésistible.
Gréco-romaine	Association en lutte.
Greffer	Mettre des francs dans un tronc.
Grégarisme	Rassemble les moutons.
	Esprit de corps.
Grêle	Tombe dure.
Grêlon	Goutte d'eau glacée.
Grelot	Un seul ne fait pas peur.
Grenade	La marque du génie.
	Éclatante de génie.
Grenadier	Homme de garde.
Grenat	Proche du bordeaux.
Grenier	Haut lieu de la relégation.
Grésil	Eau en poudre.
Grève	Occupation sans occupation.
	Plat de côte.
Gréviste	Mène une vie de débauché.
Grief	Peut donner la grippe.
	Justifie l'emploi d'un savon.
Grièvement	Mérite bien son accent grave.
Grigri	Charme noir.
Grille-pain	Porte des toasts.
Grimace	Expression exagérée.
	Fait une drôle de tête.

Grimpette	Réservée aux côtelettes ?
Gringue	Cour populaire.
Grog	Eau forte.
Groin	Avant-porc.
Groom	Chasseur professionnel.
	Fringant coursier.
Grossesse	Ligne en dérangement.
Grouillot	Petit porteur de la Bourse.
Grumeaux	Gâte-sauces.
Gué	Passage pour piétons.
	Chemin de traverse.
	Passage des bas-fonds.
Guenilles	Mauvais effets.
Guépéou	Rousse rouge.
Guéri	S'en sort sans mal.
Guérison	Mal parti.
Guet	Un pet, mais très discret.
Guêtre	Couvre-pied.
Gueuloir	Pièce de Flaubert.
Guichet	Ouverture de la poste.
Guide	Baladeur.
Guidon	Dirigeant de course cycliste.
	Tête de clou.
Guignon	Veine coupée.
Guillotine	Bois à couper.
Guitare	Sèche si on ne la met pas au courant.
Gun	Rigolo américain.

Guru	Maître de chapelle.
Gymnastique	Exercices de physique.

H

Habanera	Pas chanté par Carmen.
Habilleuse	La dame des toilettes au théâtre.
Habit	Frac ou froc.
	Vert sur un fauteuil.
Hachée	Entrée dans le menu.
Hachis	Fait des farces.
Hagiographie	Prend la vie du bon côté.
	La vie en rose.
Haies	Tours de champs.
Haineuse	Élue du fiel.
Haïr	Ne pas pouvoir voir ni sentir.
Haire	Grosse limace.
Haïssable	Moi.
Hâle	Fond de teint.
Haleine	Perdue aux courses.
Hâler	Foncer, mais pas dans le brouillard.
Hall	Entrée en gare.
Hallebardes	Tombent des nues.
	Armes bien trempées.
Halles	Couvertures à carreaux.
Hallier	Fourré à la chasse.
Haltérophile	Homme de poids.

Hamadryade	Femme-tronc.
	Était d'essence divine.
Hameau	Pas commune.
Hanap	Ancien support de canon.
Handicap	Surcharge pondérale.
Hanter	Revenir souvent au château.
Hara-kiri	Ouverture de Madame Butterfly.
	Opération suicidaire.
Harcèlement	Cour interdite.
Hareng	Gendarme ou proxénète.
Hareng saur	Gendarme de réserve.
Haricots	Et leur fin, c'est du vent ?
Harponner	Piquer au passage.
Hasard	Petit bonheur.
Haute-contre	Timbre très rare.
Heaume	Salade avec supplément.
	Couvre-chef.
Hélépole	Tour de force.
Héliothérapie	Le rayonnement de la médecine.
Hélix	Petite bête à corne.
Help	Fait appel aux Anglais.
Hématome	Mal bleu.
Hémi	À moitié grec.
Hémisphère	Coupe du monde.
Hémisphères	Paire de calottes.
Henné	Les musulmanes peuvent s'en passer.
Hennir	Crier au paddock.

Héraldiste	Il s'y connaît en meubles anciens.
	Homme d'armes.
Herbicides	Les Huns et les autres.
Herd-book	Livre vachement documenté.
Hérésie	Bifurcation avec sens interdit.
Hérétique	Sacrément non conformiste.
Héritage	Bien transmis.
Héritier	Le feu lui fera du bien.
Herminette	Taille des poutres.
Hernie	Récompense bien mal un gros effort.
Herse	Défense d'entrée.
Hésiter	Nager ou flotter.
	Flotter avant de plonger.
Hétaïre	Poule à l'ancienne.
Heu	Un mot pour un autre.
	Se prononce pour ne pas se prononcer.
Heure	Point du jour.
Hexagonal	Français de l'intérieur.
Hexagone	Tour de France.
	Une grande figure française.
Hi	Sanglot court.
Hiatus	Os de la langue.
Hibernation	Morte-saison.
Hiémaux	Faits d'hiver.
Hier	Vieux de la veille.
	Passé tout près.
Hier soir	Veille assez tard.

Hile	Entrée des vaisseaux.
Hirondelles	Agents doubles.
Hirsute	Est de mauvais poil.
Histoire	Plus rigolote avec Marius qu'avec César.
Histrion	Trop vieux pour Pont-aux-Dames.
Hit	Tabac anglais.
Hiver	Général de division.
H.L.M.	Bloc-haus.
Hobereau	Le croquant du gratin.
Hoirie	Héritage de nos aïeux.
Hold-up	Retrait bancaire.
	Opération boursière très risquée.
Home	Chez-soi chez des voisins.
Homicide	Drame en un acte.
Hommage	Mot d'auteur.
Homme-grenouille	Plutôt nageur que sauteur.
	A les palmes aquadémiques.
Homme-sandwich	Homburger ?
Honneur	Un de la Légion.
Honoraires	Gains de cause.
Honorée	Lettre de commerce.
Honte	Colorant rouge.
Horaire	Indicateur très respectable.
Horoscope	A toujours de l'avenir dans la presse.
	Interprétation sur des thèmes variés.
	Tiré à partir du ciel.
Hortillonnage	Bain de pieds.

Hot	Attaché à des saucisses.
Hôte	Reçoit ou est reçu.
Hôtesse	Fille de l'air.
Hotte	Rideau de fumée.
	Bonne bouille.
Houe	Casse-croûte.
Houlette	Bâton de berger.
Houppette	Poudreuse.
Houri	Beauté du ciel d'Orient.
Housse	Survêtement de bergère.
	Cache-poussière.
Huart	Plongeon dans l'eau froide.
Hublot	Un jour en bateau.
	Trou de coque.
Huile	Dans la salade ou dans le gratin.
	Gros ou grasse.
Huile (solaire)	On s'en passe volontiers, surtout l'été.
Huilerie	Maison de la presse.
Huis-clos	Ferme les portes.
Huissier	Introduit ou expulse.
Huître	Portugaise du littoral.
Huit-reflets	Vieux claque très chic.
Huîtrière	Banc dans un parc.
Humide	On y voit goutte ?
	Porteur d'eau.
Humilité	La phobie des grandeurs.
Humus	Couche par terre.

Huppe	Chapeau en plumes.
Hurluberlu	Braque chez Anouilh.
Hutte	Cabane bambou.

I

Ice	Anglaise très froide.
Iceberg	Glace à l'eau.
	Île flottante.
	Naufrageur.
Ice-cream	Création de glacier.
Ici	Nom de lieu.
	Lieu de repos.
	Toujours à l'endroit même à l'envers.
Ici-bas	Notre terre qui n'êtes pas aux cieux.
Icônes	Représentations sur des planches.
Iconoclaste	Chasseur d'images.
	Saboteur de représentations.
Idée	Fromage de tête.
Idées	Membres d'une association.
Idem	Demi de mêlée.
Identité	Sa pièce est à un personnage.
	Indiquée sur une carte.
	Appellation contrôlée.
Idéogramme	Signe en chinois.
Id est	C'est-à-dire c'est-à-dire.
Idiopathie	Mal propre.

Idiot	Simple villageois.
	Mal éclairé.
Idiotie	Le fait du prince ?
Idylle	Amour propre.
	Liaison correcte.
Igloo	Bon home de neige.
Ignare	Couillon de culture.
Île	Margarita antillaise.
	Gardienne du trésor.
	Moustique des Antilles.
	Ses contours sont vagues.
	Toute en eau.
	Lewis ou Melville.
Îles	Salomon ou Gilbert.
	Huon, mais pas de Bordeaux.
	Loyauté des Caldoches.
	Saintes ou Vierges.
Îlet	Ré mineur.
Illisibilité	Caractère des mauvais caractères.
Illumination	Éclaireuse de tête.
Illuminé	Devrait avoir les idées claires mais ce n'est pas toujours le cas.
	Voyant éclairé.
Illusion	Trompe l'œil.
Illusionnisme	Toujours à leurres.
Illustré	Canard vivant.
Îlot	Pâté vénitien.

Ilote	Bon exemple de mauvais exemple.
	Esclave noir.
Îlotier	Poulet en pâté.
Imagerie	Crée des modèles pour enfants.
Imaginaire	Rapporté au musée par Malraux.
Imagination	Liberté de penser.
Iman	Guide arabe.
Imbroglio	Pastis de fabrication italienne.
Imbu	Trop plein.
Imitant	Feignant.
Imitatrice	Copieuse.
Immédiat	Hors d'attente.
Immersion	Plongée sous-marine.
Immeuble	Bien stable.
	Tranche de pâté.
Immortalité	Se gagne dans un fauteuil.
Impact	Marque un point.
Impassible	Demeure très calme.
Impedimenta	Embarras de la circulation.
	Excédent de bagage.
Impériale	Grosse mouche.
Implosion	Crève l'écran.
Impolie	Guère civile.
Imposition	Mise à contribution.
	Dure de la feuille.
Impossible	Français mais pas français.
Imposture	Fausse situation.
	Usage de faux.

Impôt	Prélèvement douloureux.
Impôts	Ponctionnaires zélés.
Imprécis	Vague de fond.
Imprésario	Loueur de vedettes.
Impressionniste	Peintre sensationnel.
Imprimatur	Permission de sortir.
Improvisateur	Libre de ses mouvements.
Improvisation	Œuvre libre.
Imprudence	Abus de confiance.
Impuissant	N'arrive pas à entrer en contact.
Imputrescible	Est à l'abri de la corruption.
Inaccomplissement	Suspension de l'exécution.
Inanité	Signe particulier : néant.
Inanition	Fait tomber celui qui la saute.
Inauguration	Ouverture avec un certain appareil.
Inavouable	Gardé au secret.
	On ne peut pas le reconnaître.
Incandescent	Rouge ou blanc ?
Incapacité	Impuissance de la minorité.
Incarcération	Entôlage.
Incarnation	Œuvre de chair.
Incarné	A pris forme.
Incendiaire	L'homme au foyer.
	Tout feu tout flamme.
Incendie	Coup de feu.
	La flamme au foyer.
Inceste	Liaison fautive.

Incestes	Les liaisons dangereuses.
Incinération	Avant d'aller aux urnes.
	Mise à feu.
Incinéré	Feu réduit.
Incipit	Débutant en littérature.
Incognito	Dédoublement de la personnalité.
Incollable	Ne sèche jamais.
Inconnu	On n'en sait rien.
	N'est célèbre que s'il est soldat.
Inconsolable	Condamné à une très longue peine.
Inconstance	Jouée en double au théâtre.
Incontinence	Laisser-aller.
Inconvénient	Revers de médaille.
Incorporation	Récolte beaucoup de bleus.
Incrimine	Attaque de front.
Incube	Esprit de possession.
Inculte	On peut le coller sur n'importe quoi.
Indemnité	Réparation qui laisse à désirer.
Index	Expédie en enfer.
	Plus indicateur que rapporteur.
	Espèce de table.
Indic	Garçon donneur.
Indicateur	Littérature de gare.
	Balance à poulets.
Indienne	Nage ou file sur la terre.
Indifférent	Détaché du contexte.
Indigent	Être sans le sou.

Indigestion	Trop-plein.
Individuel	Masculin singulier.
Indolore	Ignore le mal.
Inélégant	Hors classe.
	Ne va visiblement pas bien.
Inépuisable	De bonne source.
Inerte	A cessé toute activité pour faire de la résistance.
Inertie	Défense passive.
	La force tranquille.
Inespéré	Hors d'attente.
Inexactitude	Impolitesse royale.
Infant	Petit grand d'Espagne.
Infanterie	Une reine qui ne se déplaçait qu'à pied.
Inférieur	Sous.
Infériorité	Sentiment complexe.
Infestation	Fonde un foyer.
Info	Nouvelle brève.
Information	Tuyau de papier.
Informations	Soupe aux canards.
	Nouvelles données.
Ingénu	Pur esprit.
Ingérence	Entrée interdite.
Ingrat	A oublié le service.
Inhalation	Prise par le nez.
Inimaginable	Dépasse la fiction.
Inimitié	Un début de grippe.

Inintelligence	N'intéresse pas l'ennemi.
Initiales	Lettres du chiffre.
Initiation	Délit de fuite.
Initiative	Syndiquée dans la tourisme.
Initié	Éclairé dans l'ombre.
	A des lumières.
Inlandsis	Calotte blanche.
Innocence	État blanc.
Innocents	Blancs saints.
Innovateur	Son atout c'est le neuf.
	L'originalité chez lui commence dès l'introduction.
Inondable	Risque une bonne trempe.
Inouï	Point commun.
Inox	Matière pour le bac.
Inquisition	Fortiche question question.
Inséré	Sa prière a été exaucée.
Insigne	Point de repère.
Insoluble	Sans solution et sans dissolution.
Inspection	Revue en tournée.
Inspiration	Appel d'air.
Institut	Corps d'élite.
Institutrice	Maîtresse à partager.
Instrumentistes	Finissent par se retrouver dans une fosse commune.
Insuccès	Petit four.
Insulaire	Bonaparte au début, Napoléon à la fin.
Insularité	État du Royaume-Uni.

Intégrisme	Réaction religieuse.
Intellect	Faculté en tête.
Intellectualisme	Fromage de tête.
Intelligentsia	Gratin de cervelles.
Intelligible	Ça se comprend.
Intempérance	Outre mesure.
	Dérive des continents.
Intempéries	Caprices des cieux.
Intendance	On a intérêt à la faire suivre.
Intendante	Femme économe.
Inter	Homme d'équipe.
Interception	Saisie-arrêt.
Intercession	Trafic d'influences.
Interchangeable	L'un ou l'autre.
Interdiction	Coup d'arrêt.
Intérêts	Bons rapports.
Interférence	Conjonction.
Intérieur	Sa femme apprécie son home.
Intérim	Mode d'emploi.
Interligne	Blanc de poulet.
Interlocuteur	Homme de dialogue.
Interlocutrice	Femme entretenue.
Intermédiaire	Homme du milieu.
Internat	Boîte fermée.
Internement	Droit d'asile.
Interpellation	Point d'interrogation ou apostrophe.
Interroger	Cuisiner à petit feu.

Intestin	Usine à gaz.
	Conduite intérieure.
Intimiste	Poète très confidentiel.
Intolérant	Branché sur le sectaire.
Intransmissible	Ne se repasse pas.
Intrépide	Toujours à cran.
Intronisation	Entrée officielle.
Introverti	Homme d'intérieur.
Intrus	Hors d'attente.
Intruse	Personne déplacée.
Inule	Aunée sous bois.
Inusable	Condamné à perpétuité.
Inutile	Hors d'usage.
Invasion	Plan d'occupation des sols.
Invective	Sortie de scène.
Invendus	Bouillon de canard.
Inventaire	Revue de détail.
Inverti	Très gai.
Investissement	Opération financière ou militaire.
Inviter	Détacher de la tapisserie.
Invocation	Fait appel.
Iota	Gage de fidélité.
Iotacisme	Déformation de la langue.
Ipéca	Produit de nettoyage.
	À prendre et à rendre.
Irascible	Soupe au lait à la moutarde.
Ire	Se piquait à l'adrénaline.
	Nom d'un pétard.

	Foin des poètes.
	Faisait bouillir et déborder la soupe au lait.
Irénisme	Indulgence religieuse.
Iris	Ne peut se voir que si on ouvre l'œil.
Irish	Irlandais au café.
Iron	Dur pour Dame Thatcher.
Ironie	Pointe de flèche.
	Contenue dans une blague.
	Technique de pointe.
	Ressort du sort.
	Servie glacée avec une sauce piquante.
	Fait parler pointu.
Ironiste	Forgeur de pointes.
	Épingle avec une plume.
Irradiation	Émission médicale.
Irrégularité	Entorse au régime.
Irrespirable	A l'air dangereux.
Irresponsabilité	Immunité parlementaire.
Irrigation	Passage de la flotte.
Irriguer	Abreuver les sillons.
Irritée	Accommodée à la moutarde.
Irruption	Figure parmi les entrées.
	Entrée cavalière.
Isba	Pavillon russe.
Iso	Cela nous est égal.
Isolat	Milieu fermé.

Isolement	Coupe du monde.
Isoloir	Un petit endroit où l'on va tout seul.
Isorel	Sous-bois.
	Essence synthétique.
Issu	Suis vraiment confus.
Issue	Porte… secours.
	La fin ou l'ouverture.
Italianisant	La Botte le botte.
	Friand de Macaronis.
Ite	Commandement de l'Église.
	Renvoi avec justification.
	Videur.
Itérative	Revenant.
I.V.G.	Arrêté d'expulsion.
Ivre	Noir de fumées.
Ivresse	Cuite avec de l'alcool.
IX	Vieux neuf.

J

Jabot	Ramasse-miettes.
Jalouse	Portée à la scène.
Jam-session	Bœuf à l'américaine.
Jangada	Maison avec l'eau courante.
Jaquette	Dent creuse.
Jardinier	Plus souvent sur une planche à rames que sur une planche à voiles.

Jardins	Ares décoratifs.
Je	Un mot pour un autre.
Jean	Bleu sur les fesses.
Jerrycan	Nourrice anglaise.
Jésus	Un sacré saucisson.
Jet	Coup de pompe.
Jettatura	Son sort n'est pas enviable.
Jeu	A ses règles.
Jeûne	Point de sustentation.
Jeunesse	Passage à sens unique.
Jiu-jitsu	Prises par les Japonais.
Job	Occupation anglaise.
Joint	Nom d'un pétard.
Jointures	Boulets de canons dans la cavalerie.
Jonc	L'or et l'argent.
Joule	Travail de force.
Jour de l'an	Jeune premier.
Journalier	Cherche à gagner son pain quotidien.
Journaliste	Plume de canard.
Jus	Courant populaire.
Juste	Le Midi de Valéry.

K

Kaki	Couleur uniforme.
Karaté	Péril jaune.
Karité	Beurre noir.

Kérosène	Nourrit la réaction.
Khamsin	Grain de sable.
Khan	Cheik tartare.
Kimono	Robe jaune.
Kipper	Gendarme anglais.
Kir	Blanc cassé.
Kitchenette	Cuisine sans prétention.
Kleptomane	Barboteuse agrafée.
Kommandantur	Place occupée.
Kriss	Arme blanche et jaune.
Kroumir	Chausson à la tunisienne.
Kung-fu	Combat avec les Chinois.

L

Là-bas	Pas ici mais chez Huysmans.
Laboratoire	Boîte de médicaments.
Labourage	Vieille mamelle.
Labyrinthe	Piège en bois.
	Nœud routier.
Lai	Manuel ecclésiastique.
Laideron	Tarte de poire.
Laisse	Retient ou abandonne.
Laissée-pour-compte	Femme négligée.
	Parti sans candidats.
	Élément de tapisserie.
Lait	Un plus pour le B.O.F.

	Sort des vacheries.
	Pris à la gorge.
Lambeau	Pan de loque.
Lame	Toute en eau ou bien trempée.
Laminer	Faire du plat.
Lampadaire	Source claire.
Lamparo	Phare du Midi.
Lance-pierres	Projettent de mauvais coups.
	On en tire le caoutchouc.
	Petit appareil de projection.
Lancette	A beaucoup saigné.
Lanciers	En escadron ou en quadrille mais pas en escadrille.
Landau	La première voiture.
Lanternes	Ça ira comme points de suspension ?
Lapalissade	Quand elle est dite, elle n'est pas tue.
Lapicide	Écrit pour la postérité.
Lapidation	Lance-pierres.
Laps	Temps variable.
Lapsus	Erreur souvent juste.
Laraire	Logement de vieux domestiques.
Larcin	Vol d'essai.
	Prise de guère.
Lard	Bon tour de cochon.
Largeur	Bon sens pour l'esprit.
Larme	Petit doigt en verre.
	Une goutte de prunelle.

Larmes	Eau de chagrin.
	Coulent dans la vallée.
Larron	Produit d'occasion.
Larrons	Copains de foire.
Larve	L'enfance d'une demoiselle.
Larynx	Instrument à cordes.
Lasagnes	Rubans de cordon bleu.
Laser	Trait de lumière.
Lasso	Collet monté.
Latin	Ne s'emploie jamais pur en cuisine.
Latte	Fine lame.
Lauréat	Tête couronnée.
Lauriers	Condiments de la gloire.
	Feuilles de tabac.
Lave	Pierre qui coule.
	Boue rouge.
Leadership	Position de la tête.
Lèche	Basse cour.
Lèchefrite	Au jus, là-dedans !
Leçon	Savoir à savoir.
Légion d'honneur	Croix à porter.
Légume	Se produit souvent sur les planches.
	A une vie nettement moins végétative quand elle est grosse.
Légumier	Plat sans viande.
Legs	Bien repassé.
Leitmotiv	Scie circulaire.

Lémure	Âme en peine.
Lendemains	Chanteurs engagés.
Lentille	Petit verre à l'œil.
Lentilles	Monnaie d'échange.
Lèse-majesté	Mal à la tête.
	Un crime hors du commun.
Lessiveuse	A eu beaucoup d'argent mais elle n'arrivait pas à le blanchir.
Let	Coup de filet.
Léthargie	Somme inestimable.
Lettre	Inutile si elle est morte.
Lettre anonyme	Poulet de corbeau.
	Billet de branque.
Lettrine	Jolie capitale.
Leu	Il y en a une paire à côté de la queue.
	Le loup et la galette.
Leudes	Corps francs.
Levain	Fait grossir les miches.
Levée	Main de joueur.
Lever	Saut du lit.
	Sortir après avoir cassé la graine.
Lévitation	Décollage automatique.
	Vol plané.
	Levée du corps.
Lèvre	Inférieure, est juste au-dessus de la mouche.
	Rougit sous l'effet du bâton.
Levure	Ferment.

Lexicographe	L'aigle de mots.
Lexicologie	Se nourrit de racines.
Li	Devient tout pâle si on le met devant le vide.
	Trotte menue en Chine.
	Chinois en marche.
Liaison	Chaîne privée.
Liaisons	Aventures parfois dangereuses.
Liasse	Galette feuilletée.
Libelle	Feuille dure.
	Feuille piquante.
Libéralisation	Laisser-aller.
Libération	Des chaînes qu'on abat.
Libertinage	Possibilité offerte par la licence.
Libre arbitre	Droit de l'homme.
Libre-échange	Marché ouvert.
Licence	Libre pensée.
Lie	Fond de société.
	Couche du bas.
	Dépôt de fonds.
Lie-de-vin	Rouge de rouge.
Liégeois	Belge au café.
Lien	Cause de retenue.
	Trait d'union.
Liens	Cordes à nœuds.
Lieu	Une unité en règle.
Lieudit	Petit endroit.

Lieutenance	Charge militaire.
Lièvre à la royale	Bouquin de cuisine.
	Bouquin en préparation.
Lièvrier	Un fameux chien de chasse ?
Life	Une vie de canard.
Ligne	Vosgienne en bleu.
	Gardée par le régime.
	Passe à la gare.
	Trait tiré.
Ligne de mire	Va droit au but.
Ligue	Mariage de raison.
Lilliputien	Petit format de livre.
Lilliputienne	Mini-nana.
Limbes	Terrain vague.
Limitation de vitesse	Faux plafond.
Limite d'âge	Le bord des berges.
Limon	Matière première.
	Dépôt de fonds.
Linceul	Emballage perdu.
Line	File... à l'anglaise.
Linéature	Définition en beaucoup de lignes.
Lingot	Pavé d'or.
Lion	Bête à part.
	Roi africain.
	Nourriture énergétique.
Lions	Ficelons.
Lipogramme	La lettre volée.

Lires	Blé à Macaronis.
Lis	Pure fleur.
Liseuse	Elle peut l'endosser.
Lisière	À ras bord.
Liste	L'état des choses.
	Réunion électorale.
Lit	Partagé par la moitié.
	Quai d'embarquement pour Cythère.
	Le chemin du cours.
	Base de repos.
Litée	Portée à l'abri.
Litham	Masque à gaze.
Litière	Couche par terre.
Litre	Kif-kif kil.
Lits	Pages classiques.
Littérature	Reste verlainien.
Liturgie	Rit.
Livrée	Effets spéciaux.
	Costume pour la maison.
Livres (sterling)	Souverains anglais.
Livret	Histoire de l'opéra.
Location	Jouissance sans possession.
Locution	Formule standard.
	Mot à mots.
Lods	Droit de passage.
Loge	Porte-clé.
Logis	Demeure d'une fée.

Logo	Image de marque.
Logorrhée	Verbe actif.
Loi	Réunion d'articles de fond.
Longe	Trait à tirer.
Longévité	Manifestation de savoir-vivre.
Longrine	Porte-voie.
Look	Extérieur soigné.
Looping	Vol audacieux.
	Boucle en zinc.
Lorette	Fille du quartier.
	Fille de Notre-Dame.
	La proie du vieux lion.
Losange	Meuble pour des armes.
Loser	Champion des échecs.
Loterie	Le supplice de la roue.
Loto	Jeu de boules.
	Un gros rapporteur qui ne vaut pas cher.
Loubard	Frappe.
Loueur	L'homme de la ferme.
Louf	Fou populaire.
Loufoque	Follement rigolo.
Loulou	Frappe en banlieue.
Loup	Bar de restaurant chic.
	A faim et froid.
	Sur la mer ou dedans.
	Aimait la mer et la grand-mère.

Loupe	Rate ou tumeur.
	Grossit à vue d'œil.
Loup-garou	La bête humaine.
Loupiote	Lampe de mineure.
Lourde	La porte du milieu.
Loutre	Martre richarde
Louve	Nourrice romaine.
Love	L'amour du Rosbif.
L.S.D.	Carburant pour planeurs.
	Acide, même pris avec du sucre.
Lucarne	Jour ouvrable.
Luciférien	Que le diable l'emporte !
Luette	La place du chat.
Luire	Faire des éclats.
Lumignon	Économie de bout de chandelle.
Lunch	Buffet et canapés.
Lune	Promesse en l'air.
	Sol pour Armstrong.
Lunette	Attachée de cabinet.
	Siège dans un petit coin.
Lunettes	Verres solidaires.
Lupuline	Minette en herbe.
Lurette	Belle du temps passé.
Lustre	Temps… suspendu.
Luth	Devait être pris par le poète avant de baiser.
Lutine	Pelote.

Lutiner	Faire dix doigts de cour.
Lutte	Prises multiples.
	Combat rapproché.
	Activité gréco-romaine.
	Finale internationale.
Lux	L'associé de Fiat.
Luxation	Problème d'articulation.
Luxe	Bien du plaisir.
Luxure	Licence de transport.
Luzernière	Paradis lapin.
Lycanthrope	Homme bête et méchant.
Lycanthropie	Ne fait pas le loup de mer.
Lycaon	Entre chien et loup.
Lys	Fleur (rouge) de France.

M

Macache	Pas du tout populaire.
Macadamiser	Faire de la route.
Macfarlane	Capote écossaise.
Machiavélique	Très fort en calcul.
Machisme	Voit le mâle partout.
	L'empire du mâle.
Mackintosh	Capote anglaise.
Maçonner	Faire le mur.
Macropode	Berthe mais pas Cendrillon.
	Vit sur un grand pied.

Mad	Le fou d'Amérique.
Madone	Mère d'huile.
Madrigal	Vers galants.
Maelström	Courant en rond.
Maestoso	Pompe à air.
	Pompe italienne.
Maestro	Grand chef.
Maffia	Réunion de familles.
Mage	Roi à présent.
Mages	Amoureux d'une étoile ?
Magma	Lave en profondeur.
Magnat	Huile enrichie.
Magnétophone	Caisse enregistreuse.
Magnificence	L'air du large.
Magot	Monnaie de singe.
	Pelote pour un bas de laine.
Magots	Sont vilains ou sommes coquettes.
Magouilleurs	Hommes d'affaires.
Mahatma	Grand chef Indien.
Mai	Temps libre.
Maïeuticien	Sage homme.
Maigre	Ses côtes sont en vue.
	En dessous de la ligne.
Mail	Long cours.
Maillot	Porte ou se porte.
Main	Pince à serrer.
	Tas de feuilles.

Main-forte	Concours de circonstances.
Mainmise	Prise de terre.
Mains	Font jouer les vilains.
Maire	Fait des ménages.
Mairie	Maison de notables.
Maisonnée	Réunion de famille.
Maître queux	Chef de batterie.
Maîtresse	Pour les petits enfants ou pour les hommes.
Majorette	Spécialiste de la canne à lancer.
Majuscules	Capitales d'Amérique du Sud.
Mal	Blanc de mauvaise humeur.
Maladresse	Mouvement de gauche.
Malard	Mec de cane.
Mâle	Monsieur bête.
	Couvreur.
Malédiction	Coup du sort.
	La force du destin.
Malformation	Un gros défaut et même un vice.
Malus	Police montée.
Manant	Vilain, pauvre et vieux.
Manche	Poignée de main.
Manchon	Sac à mains.
Mandale	Tarte à la poire.
Mandataire	Homme de pouvoir.
Mandat-carte	Message chiffré.
Manécanterie	Jeunesse de chœur.

Mânes	Morts vivants.
	Bonnes âmes.
Manette	Clef en main.
Manif	Fabrique de bouchons.
Manifestante	Fille des rues.
Maniguette	Vient du paradis.
Manioc	Se mange par la racine.
Manipule	Enseigne à Rome.
Manitou	Rouge supérieur.
Manne	Bouffe à l'œil.
	Repas gratuit.
Mannequin	Une femme modèle.
Mante	Mange des religieuses.
Manuscrit	Souvent brouillon.
Maquillage	Entreprise de ravalement.
	Ravalement de façade.
Maraîchère	Ne produit pas que des navets.
	Jardinière de légumes.
Marâtre	Mère de vinaigre.
	Est très en dessous du niveau de la mère.
Maraudeur	Amateur de fruits défendus.
Maravédis	Rotin d'Espagne.
Marbre	Article en réserve.
	Pierre ou plomb.
Marche	Pas nombreux.
Marche funèbre	Accompagnement musical.

Marcheur	A les pieds sur terre.
Mardi	Exceptionnellement gras.
Mare	Soupe aux canards.
Marge	Latitude.
	Hors-texte.
Marginale	La fille d'à côté.
	Hors classe.
Mari	Pigeon bagué.
Mariage	Pari mutuel.
Marie-jeanne	Fait du pétard.
	H aspiré.
Marihuana	Kif-kif kif.
Marina	Résidence de vedettes.
Marinade	Bain prolongé.
Marine	Peinture à l'eau.
Mariniers	Population flottante.
Marmaille	Enfants de troupe.
Marmot	Se croque avec le poireau.
Marmotte	Bête de somme.
Maroquinerie	L'affaire est dans le sac.
Maroufle	Il est grossier et elle est collante.
Marraine	Fille à soldats.
Marsouin	Dans l'eau ou dans la flotte.
Marteau	Piqueur dans la rue.
Marteau-pilon	Une grosse dame qui a l'air comprimé.
Martel	Souci en tête.
Martinet	Instrument à cordes.

Marxisme-léninisme	Colorant rouge.
Maryland	Fait un tabac en Amérique.
Mascara	Fond en larmes.
Mascarade	Spectacle de travestis.
	Faux-semblant.
Mascaret	Barre d'eau.
	Barre pour le marin d'eau douce.
Mascotte	Animal de compagnie.
	Envoyée du Paradis.
Massage	Jeu de mains.
Masser	En venir aux mains.
Masseur	Travaille souvent sur des poids lourds.
Masseuse	Femme à poigne.
Mastroquet	Marchand de canons.
Masure	Pavillon de détresse.
	Gîte à la noix.
Mat	Échec complet.
	La mort annoncée d'un roi.
Matador	Hombre et lumière.
	Vache avec les toros.
Matérialisation	Entrée en matière.
Matériel	De quoi faire.
Maternelle	Place aux jeunes !
	Établissement de première classe.
Mathusalem	Vieux modèle de bouteille.
Matières	Ont une table rien que pour elles.
Mâtiné	Croisé souvent par hasard.

Matinée	La première séance.
Maximum	Ne sera pas dépassé.
Mazagran	Pot au noir.
Mec	Type populaire.
Mécano	Voix de garage.
Mécénat	Rêve d'artiste.
Mécène	Trésorier du patronage.
Mèche	File en fumant.
Mécréant	Gentil mais infidèle.
Médecine	Douce avec les simples.
Médiateur	Homme du milieu.
Médicament	Pris en affection.
	Entre dans une administration.
Médisance	Mal dit.
Mégalopolis	Cité avec beaucoup d'exagération.
Mégaphone	Fait la grosse voix.
Mégot	Gitane écrasée.
Méhari	Roule toujours sa bosse du côté de Tamanrasset.
Meistre de camp	Ancien colon.
Mélancolie	Petit bourdon.
Mélangeons	Brouillons.
Mêlée	Réunion de rugbymen.
	Rencontre sportive.
Mélisse	Plante d'eau.
Mélodrame	Tragédie populaire.
	A abusé des pauvres orphelines.

Melting-pot	Lieu de rencontres.
Mémoires	Des comptes à régler ou, souvent, des règlements de comptes.
Ménage	Duo.
Mendicité	Manche.
Meneau	On peut le rencontrer croisant dans la baie.
Ménine	Petite dans la cour des grands.
Méninges	Travailleuses intellectuelles.
Menottes	Bracelets pour la rousse.
Menu	Plan de table.
	Programme alléchant.
	Littérature alimentaire.
	Carte forcée.
Menuet	Pas appris par M. Jourdain.
Mer	Fabrique de lames.
	Partie de golfe.
	Parcourue par des loups.
	Morte au Moyen-Orient.
	Champ des sirènes.
	A des loups et des moutons.
Mercanti	Marchand de pigeons.
Mercantilisme	Moteur pour rouler.
Merci	Reconnaissance de dette.
Mercière	Une dame qui a des boutons.
Mercredi	Videur d'école.
Mercuriale	Gros savon.
	Cours ou discours.

Merdre	Postérieur à Cambronne.
Mère	Bonne à Marseille.
	Source de rejetons.
Méreau	Voix au chapitre.
Mère-grand	Pouvait apaiser une faim de loup.
Merguez	Couscous, les voilà !
Méritant	À louer.
Mérite	Valeur ajoutée.
	Petite vertu.
Mérovingien	Franc nouveau.
Merrain	Petit morceau de bois.
Mésalliance	Acte de mariage.
Mésentente	Manque d'intelligence.
Mesquinerie	Action en baisse.
Mess	Cantine du P.C.
Messager	Délivre des poulets.
Messages	Mis en plis.
Mesure	Ce n'était pas toujours le pied, autrefois.
Métal	Étalon qui vaut de l'argent.
Météorologiste	Peut se planter en toutes saisons.
Méticuleux	Toujours aux petits soins.
Métissage	Croisement signalé.
Mètre	Pieds joints.
Métro	On y va à la rame.
	Français de France.
Métromanie	Fétichisme du pied.

Métropolitain	Habite chez sa mère.
	Bas-fonds de Paris.
Metteur en scène	Entrepreneur de travaux publics.
Meuh	C'est vache de dire ça !
Meunerie	Un travail écrasant.
Meunier	La chanson le faisait dormir.
Meurtrière	Femme fatale.
Meurtrissure	Marque de pain.
Mi	Diviseur.
Miam-miam	Bouffe des lardons.
Micmac	Pastis ou salade.
Micro	Donne plus de voix.
Microclimat	Temps partiel.
Microphone	Porte-parole.
Midi	Roi-soleil.
Mie	Molle dans les miches.
	Cœur tendre.
Mig	Mystère russe.
Milice	Troupe d'amateurs.
	Bande de protection.
Militant	Homme en cellule.
	Combattant civil engagé.
Millésime	Date de naissance.
Milliard	Tas de briques.
Milliardaire	Richard.
Million	Bâton d'argent.
Mimétisme	Don d'imitateur.

Mince	Guère épais.
Mine	Grise quand elle vient du froid.
	Recherchée par le dragueur.
	Bonne avec des couleurs.
Minerve	Tient tête.
Minestrone	Soupe aux Macaronis.
Mineur	Travailleur au noir.
Mini	Proche du micro.
Miniature	Modèle réduit.
Miniaturisation	Réduction à la tête du client.
Minimalisme	Peinture de guère.
Minuit	Tôt ou tard.
	Vaut bien une messe.
Minus habens	Un type nul en latin.
Minute	Le temps des cocottes.
Minuter	Tenir compte du temps qui passe.
Mirador	Tour de garde.
Mire	Point à la ligne.
Mirettes	Châsses.
Miroton	Un effet bœuf.
Misanthrope	Ours savant.
Miscellanées	Variétés de culture.
Mise	Pot d'argent.
	Poule de tripot.
	Cave pleine de liquide.
	Poule nourrie au blé.
Mise en scène	Présentée sur un plateau.

Miséricorde	Sœur de charité.
Miss	Reine de France mais pas d'Angleterre.
	Petite reine.
	Produit de beauté.
Mission	Mandat reçu.
Missionnaire	Nourriture de sauvages.
Mitard	Peine supplémentaire.
Mithridatisation	Moindre mal.
Mitraille	Des balles ou des sous.
Mitrailleurs	Tireurs en bandes.
Mitron	Dauphin dans le pétrin.
Moa	Bibi de clown.
	Sacha pour Sacha.
Mobilisation	Ça fait beaucoup de rappels pour la générale !
	Rentrée des classes.
Mode	Affaire à suivre.
Modéliste	Homme de robe.
Modernisation	Cure de rajeunissement.
Modern style	Art floral.
Moelle	On l'a dans l'os.
Mœurs	Mauvaises en affaire.
Moi	État du Soleil.
Moignons	Bras raccourcis.
Moins vingt	Quarante à l'heure.
Moisir	Faire le poireau avec des champignons.
Moko	Pépé Gabin.

Môle	Lune dans l'eau.
Molette	Variété de fraise.
Môme	Nana, titi ou bébé.
Momie	Conservée avec sa bande d'origine.
Mondaine	Police périmée.
Mondaines	Ces dames au salon !
Mondanités	Jeux de société.
Mono	Unique.
Monocle	Un verre à l'œil.
Monogame	Se contente d'une moitié.
Monogamie	Pari couplé.
Monogramme	Un chiffre et des lettres.
Monologuer	Se faire des relations.
Monôme	Théorie plutôt gaie.
Monosyllabe	Oui ou non ?
	C'est le pied !
Monotone	Sous l'uniforme.
Mont	Blanc crémeux.
	Chauve en musique.
Montagnarde	Femme de la haute.
Mont-de-piété	Vieux clou.
Montreur	Exhibitionniste.
Moral	Oscille entre le zéro et le beau fixe.
Morale	Leçon de conduite.
Morasse	Épreuve finale.
Morfil	Barbe dure.
Morgue	Salle d'attente.

	Chambre froide.
	On y met le feu.
	Glaçante mais quand même préférable dans le sens de la hauteur.
Moribond	Est encore en train de râler !
Morigène	Gourmande.
Morion	Espèce de salade très relevée.
Mornifle	Tarte sèche.
Morsure	Rage de dents.
Mort	Cessation d'activité.
	Vedette du dernier acte.
	Feu sans chaleur.
Morte-saison	Chômage technique.
Morve	Chandelle à moucher.
Mot	Petit bout de langue.
	Laissez-passer.
Motel	Maison de repos.
Motif	Bon pour le mariage.
Motivation	Auto-mobile.
Moto	Véhicule de la pensée japonaise.
Mots	Ne se croisent pas dans le noir.
	Mauvais payeurs.
Motte	Rasée par les mal élevés.
	Se rase en avion.
Motus	La ferme.
Mou	Tendre mais pas tendu.
	Se bourre avec des craques.

Moucharabieh	Jalousie orientale.
Mouchardage	Coup de cafard.
Mouche	Domestique qui vole.
Mouise	Purée sans beurre.
Moult	Très ancien.
Mouron	Si on ne s'en fait pas, on ne s'en fait pas.
Mourre	Jeu de mains.
Mouscaille	Purée très épaisse.
Mousse	Jeune loup.
	Faux col.
	Bleu de la mer.
Moussu	Verdi dans les bois.
Mouton	Cafard de détenu.
Moyennant	Pour ou contre.
Muer	Remplacer un accent aigu par un accent grave.
Muette	La ferme… ou le vieux pavillon de chasse.
Mugir	S'exprimer vachement bien.
Mugueter	Faire un brin de cour.
Mulâtres	Fils croisés.
Mules	Pompes papales.
Muleta	Fait voir rouge.
	Fait passer au rouge.
Multimilliardaire	Pèze très lourd.
Multiplication	Une opération qui fait grossir.
Municipalité	Les lumières de la ville.

Munition	Son pain était du pain de campagne.
Mur	Élevé en prison.
Muraille	Tour à tours.
	Chinoise bien élevée.
Muscade	Une noix de leurre.
Muscat	Cru cuit.
Muse	Pousse aux rimes.
Musée	Cabinet particulier.
Mussitation	Fait parler pour ne rien dire.
Mutin	Marin déboussolé.
Mutisme	Mine d'or.
Myrmidon	Petit vieux.
Mystification	Blague à part.

N

Nabab	Huile enrichie.
Nacelles	Paniers de saucisses.
Nacht	Nuit aux Allemands.
	La nuit de Walpurgis.
Nacre	Sortie de sa coquille.
Naevus	Envie permanente.
Nage	Agitation en plein cours.
	Avance en liquide.
Naïade	Divine au lit.
Nain	Moindre mâle.
Naine	Fausse mineure.

Naissain	Peuple des parcs.
Naissance	Sujet du premier acte.
	Sortie ou arrivée.
Naître	Se séparer de sa mère.
Nanar	Rossignol.
Nanisme	Réduction exceptionnelle.
Napoléonien	Intéressé par les abeilles.
Napolitaine	Glacée sur tranche.
Narcissisme	Duo en solo.
	Abus de glaces.
Narcose	Somme pour la cure.
Narine	Petite morveuse.
	Source de roupies.
Narines	Trous pour la fumée.
	Arrivent souvent dans un mouchoir.
Narrateur	Spécialiste des relations publiques.
	Proustien chez Proust.
Narratrice	Une femme qui rapporte.
Narrer	Rattraper le temps perdu.
Narthex	Voie sacrée.
Nasarde	Un coup dans le nez.
Nasse	Panier repas.
Nationalisation	Prise de pouvoir.
Nationalité	État dans l'État.
	Nom d'origine.
Natte	Fausse couche.
Natter	Faire la queue.

Naturaliste	Artiste du cru.
Nature	Morte à cause d'un artiste.
Nature morte	Conservée dans l'huile.
Naturisme	Doctrine de sans-culottes.
	Jeteur de short.
Naufrage	Plongée sous-marine.
Naufrageur	Rat de marée.
	Exploiteur des bas-fonds.
Naumachie	Pièce d'eau.
Naupathie	Effet de vagues.
Nausée	Barbouilleuse existentialiste.
	Préavis de renvoi.
Navaja	Piquait les Espagnols au vif.
Nave	Cornichon en fleur.
Navet	Racine au cinéma.
Navigateur	Occupe un poste de direction à Air France.
Navigation	Avance en liquide.
Néanmoins	Modifié en énoncé.
Néant	Une fin en soi.
	Lieu de perdition.
	Point de non-retour.
Nécessaire	Bagage à main.
Nécessité	Gros besoin à satisfaire d'urgence.
	Législatrice.
Nécessiteuse	Elle est raide celle-là !
Nécrologie	Liste des partis.
	Un petit morceau de canard sur le feu.

Nécromancie	Recherche des lumières entre les ombres.
Nécrose	Impression sur tissu.
Nectar	Sifflé par les dieux ou pompé par les ouvrières.
Née	Entre Scarron et Aubigné.
Nef	Ne coule pas à Paris.
Nèfles	Les fruits du refus.
Nègres	Plumes de dessous.
Négrier	Ébéniste de la marine.
	Bourreau de travail.
	Trafiquant du marché noir.
Négritude	État noir.
Neige	Blanchisseuse de cols.
Neige (tempête de)	Cache-col.
Nénés	Du monde au balcon.
Nénette	Passée à la caisse.
Nénies	Chants du départ.
Nenni	Refus du passé.
	Point à l'ancienne.
Néo	Réanimateur.
	Utilisé pour la restauration.
	Revenez-y.
Néologisme	Mot d'auteur.
	Mot composé.
Néoménie	Fête de quartier.
Néon	Se fait souvent entuber.
Néophytes	Frais professionnels.

Népotisme	Fromagerie familiale.
Néréide	Beauté de la mer.
Nerfs	Victimes de la guerre.
Nervi	Simple exécutant.
Nervures	Dures de la feuille.
Net	Hors des vagues.
Neuf	Fournit des preuves.
Neurasthénie	Gros bourdon.
Neurasthénique	Abattu sans sommation.
	Vit dans le noir.
Neurone	Cellule de crise.
Neutralisation	Opération qui rend impuissant.
Neutre	Hors de combat.
Neuvaine	Chapelet de jours.
	Compte pour la retraite.
Névé	Glace sans tain.
	Alimentation congelée.
	Eau glacée.
Neveu	Rameau adjacent.
Névrite	Crise de nerfs.
Nez	Appendice d'une tirade.
	Monture de lunettes.
Ni	Doublé en peau de chien.
Niche	Tour de ficelle.
Nichet	Œuf dur.
Nicotine	Poison fumé.
	Empoisonneuse en herbe.

Nid	Œuvre pie.
Nidification	Préparation à base d'œufs.
Nihil obstat	Feu vert.
Nil	Zéro en anglais.
Niño	Il grandira car il est espagnol.
Nirvana	État bouddhiste difficile d'accès.
	État des Indes.
Nivelage	Rase-mottes.
Nivellement	Rasage.
Nivôse	Temps neigeux.
Nixe	Étrangère au service des eaux.
Nobiliaire	Le choix des armes.
	Présente les armes.
Nobles	Ont des armes à la maison.
Noblesse	Permis de port d'armes.
Noceur	Fan de java.
Noctambule	Point du jour.
Nocturne	Chouette dans l'œuvre de Chopin.
Nodosité	A de la branche.
Nœud	Dans l'eau ou dans le bois.
	Tours de corde.
	Papillon sur une limace.
	Coulant dans les lacs.
Nœuds	Se filent à la mer.
Noir	Café au café.
	Un pied déraciné.
	Moreau au paddock.

Noircir	Foncer au maximum.
Noire	Fait la gueule au mineur.
Noises	Querelle de chercheurs.
Noix	On la trouve au gîte.
	Compte pour du beurre.
Noli me tangere	Impatiente et… susceptible.
Nom	Propre avec Lux ou Ariel.
	Cadeau de mariage.
	Propriété de famille.
	Donné par reconnaissance.
No man's land	Terrain vague.
	Interlignes.
Nombril	Centre du monde.
	Marque d'attachement.
Nomenclature	État des choses.
Nomenklatura	Gros bonnets russes.
Nomenklaturistes	Consommateurs de fromages russes.
Nomination	Fait appel.
	Mention très honorable.
Non	Fin brutale.
Non-dit	À lire entre les lignes.
Nord	En pôle position.
Nord-est	Direction assistée.
Noria	Chaîne de montage.
Normalien	Figure de haute école.
Nosographie	Jeux de maux.
Note	Jugement de valeur.

	Petite addition.
	Un minimum d'air.
Notes	Le fond de l'air.
Notoriété	Accompagné de la trompette.
Nouille	Un style... pâteux.
Nounou	Base d'alimentation.
	Voie lactée.
Nounours	Animal de compagnie.
Nourrice	Réserve de lait ou d'essence.
Nous	Au nom du Roi.
Nouveau-nés	Petits faits.
Novateur	Mise sur le neuf.
Noyade	Refroidissement à eau.
Noyau	Centre de pêche.
Nuage	Eau gazeuse naturelle.
	Couverture légère.
	Flotte aérienne.
Nuages	Moutons blancs.
Nuaison	Temps d'un temps.
Nuance	La petite différence.
Nudiste	Est à l'aise mais n'a jamais d'argent de poche.
Nuit	Abat-jour.
	Conseillère noire.
Nullement	Point.
Numéro	Un vert à l'œil.
	Bon à tirer.

Numéroté	A la cote.
Nurse	Intéri… mère.
	Bonne berceuse.
Nutrition	Condition de vie.
Nutritionniste	A des problèmes d'assiette.
Nycthémère	Le jour et la nuit.
Nylon	Souvent en bas ou en dessous.

O

Oasien	Insulaire de la mer de sable.
Oasis	Aire de stationnement pour les caravanes.
Obéissance	Obligation militaire.
	Devoir d'écolier.
Obéissez	Conseil de discipline.
Obèse	Corps gras.
	Type hors ligne.
	Homme de lard.
Obésité	Arrondissement très important.
	Cause de panne.
Obi	Ceinture jaune.
	Tournait autour de Madame Butterfly.
Obit	Culte du souvenir.
Obligeant	Bon pour le service.
Obnubilation	La tête dans les nuages.
Obole	Modeste mais pas très généreuse.

Obscurantiste	Travailleur au noir.
	Sombre imbécile.
Obscurité	Recherchée pour certains développements, déplorée en d'autres.
Obséquiosité	Spécialité du patelin.
Observance	Pratique.
Observatoire	Point de vue très objectif.
Obsession	Est toujours en tête.
	Suite dans les idées.
Obsidional	Attaché au siège.
Obsolète	A perdu son emploi.
Obstructionniste	Constructeur de barrages.
Obturons	Bouchons.
Occidental	L'homme de l'ouest.
Occiput	Le derrière du chef.
Occultiste	Rarement clair quand il est illuminé.
Océan	Mer supérieure.
	Indien du Bengale.
Octante	Somme pour des Suisses.
Octo	Huit en version latine.
Octroi	Contrôle routier.
	Ancien détrousseur de barrières.
Oculi	Points de vue.
Odeur	Bouquet de fleurs.
Odeurs	Manifestations florales.
Odomètre	Marche au pas.
Odorat	L'argent ne compte pas pour lui.

Œdème	Suite de coups.
Œil	Se poche au beurre noir.
	Fermé la nuit.
Œil-de-bœuf	Un jour à la ferme ?
Œil-de-perdrix	Cor de chasseur à pied.
Œillade	Invitation à l'œil.
Œillades	Souvent jetées enflammées.
	Incendiaires qui font appel.
Œillet	Trou de pompe.
Œillets	Révolutionnaires portugais.
Œils-de-pie	Œillets maritimes.
Œnilisme	Touche des ronds.
Œnologie	Domaine viticole.
Œnothère	Convient aux ânes quand il est moins savant.
Œstre	Mouche des naseaux.
Œuf	Coco en vente libre.
	Lieu de naissance.
	Un endroit où l'on étouffe.
Œufs	Ponte.
Œuvre	Sortie d'artistes.
	Au noir pour une dame en vert.
Œuvres complètes	Font des sommes.
Œuvres mortes	A la coque mais sans eau.
Off	La voix de l'homme invisible.
Offense	Blessure avec hémorragie interne.
Offertoire	Partie de l'office avec du pain et du vin.

Officiers	Les ficelles du métier.
Offre	Ouverture du marché.
Ogive	Tête de mort.
Ogre	Avaleur qui n'attendait pas le nombre des années.
Oie	Porte-plume pour écrire à l'ancienne.
Oignons	Affaires personnelles.
Oil	Pétroleuse.
Oiseau	Coucou ou zizi.
	L'avis de César.
Oiseau-lyre	Vole au secours du poète ?
Oisellerie	Le couvent des oiseaux.
Oisillon	Piaf à ses débuts.
Oisiveté	Ne fait pourtant rien pour être mère.
Oison	Petit frère de Charles Perrault ?
Oléine	Baigne dans l'huile.
Oligarchie	Fromage de tête.
Oligopole	Marché couvert.
Ombelle	Parasol de jardin.
Ombilic	Souvenir de la prime jeunesse.
	Point central.
Omble	Chevalier du lac.
Ombre	Point noir mais pas claire.
	Chinoiserie inconsistante.
Oméga	Fin de série.
Omelette	Eurasienne en cuisine.
	A souvent des lardons avant même de se faire sauter.

Omerta	Donne le choix entre l'or et le plomb.
Omission	Ici l'on pèche.
	Évite de comprendre.
	Passage à vide.
Omniscience	Puits sans fond.
	Pleine de lumière.
Omnivore	Mange-tout.
On	Porte-parole.
	Producteur de salades.
	Prête-nom.
	A l'origine de la nouvelle vague.
	Raconteur d'histoires.
	Source de nuisance.
Onagre	Appareil de projection.
	Lance-pierres.
Once	Un peu de vieux marc.
Onciale	Grande capitale.
Oncle	Est en ménage avec une tante.
Ondée	Chute d'eau.
	Sauce courte.
	Flotte dans l'air.
Ondes	Des ronds en liquide.
On-dit	Bourdonnement d'oreilles.
Ondoiement	Bon arrosage.
	Nom de baptême.
Onduler	Faire de la tôle.
Oneilles	Portugaises pour un Roi de Pologne.

One man show	Repose sur un seul clou.
	Variétés sans variété.
Ongles	Les limites de l'esprit.
	Des petits vernis.
Onomastique	Étude hors du commun.
Onomatopée	Issue du son.
Onomatopées	Bruits de langue.
	Des bruits rapportés.
Onychophagie	Fait apprécier les repas pris sur le pouce.
Onze	L'heure du bouillon.
	Lettres d'Aude.
O.P.A.	Attaque de prédateur.
Opaline	Verre de lait.
Ope	Passe-muraille.
Opéra	Otello mais pas Othello.
Opéra bouffe	Idéal pour un dîner-spectacle.
Opérationnel	En état de marche.
Opercule	Coiffe de mousse.
Opérette	Dédé mais pas Lulu.
	Véronique mais pas Louise.
Opinion	Tissu de veste réversible.
Opinions	Grincements de girouettes.
Oppression	Vis serrée.
Optimisme	Illusion d'optique.
	Abus de confiance.
Optimiste	Homme de confiance.

Opulence	On y nage avec beaucoup d'aisance.
Or	Base d'alliance.
	Ses livres sont écrits en collaboration.
	Son livre est couvert d'éloges.
	Donne soif.
	Du veau ou des œufs.
	Souvent plaqué.
Orage	Grain éclaté.
	Allume l'électricité.
Oraison funèbre	La chaire est toujours triste avec elle.
Oraisons funèbres	Salutations distinguées.
	Couronnes mortuaires.
Oral	Procès verbal.
Orale	Voie de la voix.
Orange	Pris entre deux feux.
Oranger	Fleur de la vierge.
Orant	N'en finit pas de prier.
Oratoire	Chambre d'autel.
Orbite	Une place à l'œil.
Orchestration	Travail en plein air.
Orchestre	Fosse commune.
Ordinaire	Du courant au standard.
	Nourriture de soldat.
Ordinal	Point cardinal.
Ordonnance	Lettre de cachets.
	Conseil d'administration.
Ordonnateur	Régleur de pompes.
	Figure d'enterrement.

Ordonné	Imposé au maximum.
Ordres	Monde de piété.
Ordures	Ménagères dans leurs boîtes.
	Mises en boîtes ou jetées dans le vide.
Orée	Rencontrée au coin d'un bois.
	N'a qu'un côté en bois.
Oreillard	Propriétaire de grands pavillons.
Oreille	Entrée de l'air.
Oreiller	En amont du lit.
Organe	Création de fonction.
Orge	Pur malt.
Orgeat	Adoucisseur d'eau.
	Boisson d'eau douce.
Orgueil	Gonfleur.
	A fait du cheval en Bretagne.
Orient	Est poétique.
	Grand pour une loge.
Oriental	Extrêmement… jaune.
Orientaliste	A beaucoup fréquenté les bains turcs.
Orienteur	Guide professionnel.
Originalités	Signes particuliers.
Orillon	Oreille dure.
Orme	Fait de l'ombre au poireau.
	A des dessous en lapin.
Ornière	Chemin très fréquenté.
	Marque de tracteur.

Orogenèse	Quand tout le monde travaillait à la chaîne.
Orographie	Haute étude.
Orpailleur	Victime de la fièvre jaune.
Ors	Signes extérieurs de richesse.
Orteil	Pouce-pied.
	Pouce en bas.
	C'est surtout le gros qui se tape la goutte.
Orthodoxe	Reste en ligne.
Orthographe	Distribution des lettres.
Orviétan	Remède pour les pigeons.
	Drogue de la filière italienne.
	Placebo d'origine italienne.
Os	Variété de cactus.
	Carpe mais pas dans un bassin.
	A un intérieur délicieux.
	Fait hic.
	Cubitus ou cactus.
Oscar	Prix de faveur.
Oscillation	Mouvement de pendule.
Oscule	Pore de mer.
Osmose	Trafic d'influence.
Ostentation	Étalage tout en hauteur.
	Étalage trop chargé.
Ostéopathe	Réparateur de charpentes.
Ostracisme	Force de frappe.
	Phénomène de rejet.

Ôte	Sucre.
Ottomane	Canapé du Divan.
	Siège à la turque.
Ouate	Est coton à se mettre dans l'oreille.
	Celle-là, on s'en tamponne !
Oubli	Laissez-passer.
Oubliette	Un endroit très discret.
Oubliettes	Fonds secrets.
Oued	Lit arabe.
	Cours séché.
Ouf	Le son des soupirs.
Oui	Aveu.
	Feu vert.
Ouï-dire	Ne retient pas l'attention des sourds-muets.
Ouïes	Filtres à eau.
Ouille	Vaut l'aïe.
Oukase	Un ordre rigoureux.
Ours	Bêtement misanthrope.
Oust	Utilisé par le chasseur.
	Accompagne le partant.
Outil	La clé du garage.
Outillage	Travaille en usine.
	Force ouvrière.
Outils	Clefs en main.
Outrance	Gonflette.
Outrancier	A tendance à grossir.

Outrecuidance	Abus de confiance.
Outrepasser	Aller dans l'au-delà.
Outre-tombe	Au-delà des mémoires.
Ouverture	Jour important.
Ouvrage	N'est belle que s'il est bien soigné.
Ouvre-boîte	Rapproche l'homme du singe.
Ouvrière	A la cheville forte.
Ouvroir	Boîte à couture.
Ouzo	Se trouble devant les Grecs.
Ovale	Faux rond.
Ovation	Tabac prisé.
	Claque retentissante.
Ovations	Accompagnent le tabac.
	Contributions directes pour le tabac.
	Manifestation de soutien.
Ove	Relief d'œuf.
	Œuf dur.
Overdose	Dépassement dangereux.
	Trop-plein.
Ovibos	Fait un effet bœuf chez les moutons.
Oviducte	Laisse passer de grosses coquilles.
Ovni	Mystère dans le ciel.
	Un mystère qui vole.
Ovule	Véhicule cellulaire.
Oxygénée	Eau forte.

P

Pacification	Guerre et paix.
Pacte	Marché couvert.
Pagne	Jupe noire.
Paie	Le salaire de labeur.
	Mesure du temps passé.
Païen	Hors la foi.
Paille	Tige de botte.
Pain	Nom de famille du bâtard.
	Son absence allonge le jour.
	Quotidien digne de foi.
Paître	Déjeuner sur l'herbe.
Palan	Ses actions sont en hausse.
Palémon	C'est le bouquet !
Paléontologue	Fan des dinosaures.
Palets	Pierres glissantes.
Palimpseste	Lettres en surcharge.
Palindrome	N'a que de bons côtés.
Palinodies	Orientations politiques.
Palmarès	Tableau de prix.
	Bouquet de lauriers.
Palme	Feuille académique.
	Victoire remportée.
Palmiste	A bon cœur.
	A du chou.
Palourde	Vénus sortant de la mer.
Palpitant	Cœur populaire.

Palu	Souvenir des colonies.
Paluche	Main courante.
Paludes	Marais chez Gide.
Pamphlet	Lignes d'attaque.
Pamphlétaire	Rédacteur de procès verbaux.
	Un écrivain vachement doué.
	Fait un boulot éreintant.
Pan	Queue de limace.
	Marque de coup.
	Coup de feu.
Panacée	Guérisseuse.
Panache	Point de ralliement.
Panade	Soupe ou purée.
Pandiculation	Permission de détente.
Pandore	Homme de loi.
Panée	Cuite gratinée.
Panégyrique	Bien exprimé.
Panégyriste	Fabricant de couronnes.
Panetière	La porteuse de pain.
Panier	Moyen de transport.
Panne	Auto-stoppeuse.
	Rade.
	Bon tour de cochon.
Panoramique	Fait tourner en tournant.
Panser	Bander pour une infirmière.
Pantalon	Jean le bleu.
Pantalonnade	Pièce à effets.

Pantalons	Pièces en costumes.
Pante	Espèce de cave.
Pantouflard	Porté sur les mules.
	Pot-au-feu à la charentaise.
Pantoufles	Charentaises de l'intérieur.
Papa	Un homme à la mère !
Paperasse	Tas de feuilles mortes.
Papier carbone	Bisse-copie.
Papyrus	Faux papier.
Paquet	Pied de table.
Parachronisme	Toujours en retard.
Parachutes	Points de suspension.
Parachutiste	Tombe des nues.
Parallélépipède	Cubiste.
Parasitologie	Comprend la totologie ?
Paratonnerre	Préservatif à la maison.
	Appareil électrique.
	Sujet aux coups de foudre.
Parc	Zoo et forêt.
	Enceinte d'un petit enfant.
Pare-étincelles	Garniture de cheminée.
Parent	Le neveu de Rameau.
Parentèle	Réunion de famille.
Parer	Améliorer l'ordinaire.
Parère	Garantie de l'emploi.
Pari	Confiance en l'avenir.
Parieur	Engagé volontaire.

Parisianisme	Caractère en capitale.
Parlotte	Bavette taillée.
Parodier	Prendre en charge.
Parodiste	Grossit dans ses effets.
Paroissien	Il l'emporte à l'office.
Parolier	Ne travaille pas toujours au grand air.
Parrainage	Protection rapprochée.
Partenaire	Homme d'équipe.
Parthénogenèse	Il n'y a pas de mâle à ça.
	Immaculée conception.
Particule	Charnière à rallonge.
Partie	En allée.
	Paire de manches.
Partition	Page de notes.
Parturition	Travail de femme.
Paru	A point.
Pas	Nous font marcher.
	Fait au pied levé.
	Tours de vis.
	Perdus dans une salle.
	Vaut un point.
Pas-de-porte	Prix d'entrée.
Passager	Personne déplacée.
Passant	L'homme de la rue.
Passé	Temps mort.
	Lustres éteints.
Passeport	Carnet de voyages.

Passivité	Laisser-aller.
Pasteur	Garde champêtre.
Pastiche	Fausse identité.
Pastis	Apéritif ou salade.
Pastourelle	Petite bergère ancienne.
	L'air de la campagne.
Pataquès	Liaison contre nature.
	Cuir de vache espagnole.
Patatras	C'est la chute de l'histoire.
Patchwork	Morceaux choisis très étoffés.
Pâté	Œuvre de chair.
	Groupe immobilier.
Pâtée	Soupe ou ratatouille.
Patelle	Bernique !
Paternel	Vieux… mâle.
Paternité	Prétention masculine.
Patine	Couche chez un antiquaire.
	Chasse dans la neige.
Pâtissier	Papa gâteau.
Patrimoine	Fait du bien.
Patriote	Toujours prêt à défendre sa mère.
Patron	Saint ou singe.
Patronage	Son théâtre a des amateurs.
	Couverture protectrice.
Patronyme	Repassé en famille pour être porté longtemps.
Patrouille	Tour d'observation.

Patte	Pied de grue.
	Un des favoris du chef.
Paume	Carte du destin.
Paupière	Se voit mieux en fermant l'œil.
Paupières	Fermées pour cause de décès.
Pause	Break français.
	Arrêt au café.
Pauvresse	Femme de mauvaise vie.
Pauvreté	Vœu pieux.
Pavage	Ouvrage de dame.
Pavés du Nord	Le supplice de la roue.
Pavillon	Demeure en banlieue.
Pays	Bas de Hollandaises.
Paysagiste	Artiste en vue.
Paysan	De Paris et d'Aragon.
P.C.	Animateur d'une partie de campagne.
P.-D.G.	Huile industrielle.
Péan	La victoire en chantant.
Pêche	Énergie nouvelle.
	Chasse d'eau.
Péché	N'est mignon que s'il est tout petit.
Pêcherie	Lieu à lieu.
Pêches	Fruits ou poissons.
Pécule	Blé glané.
Pédicure	Ne s'occupe pas que de ses oignons.
Pedigree	Livret de famille.
Pègre	Lie de milieu.

Peigne	Donne des coups sur la tête.
Peilles	Chiffons de papier.
Peinard	L'homme tranquille.
Pékin	Civil hors de Chine.
	Civil avec les militaires.
Pèlerinage	Voyage à thème.
	Un sacré bout de chemin.
Pélican	A la tripe paternelle.
	Garde-manger familial.
Pelisse	Cache-peau.
	Peau d'homme.
Pelletée	Prise de terre.
Pellicule	Tombe du chef.
Pelotage	Jeu de mains.
Peluche	Peau d'ours.
Pelure	Papier en double.
Pemmican	Bison fumé.
Pénates	Maison meublée.
Pendaison	Prise au collet.
	Affaire en suspens.
Penderie	Réunion d'affaires.
Pendre	Mettre au clou.
Pendu	Danseur de corde.
	Gibier de potence.
	Retenu en haut lieu.
Pendule	Nid de coucou.
Pêne	Joue avec les clés.

Pénitence Réparation à faire.
Pense-bête Bouche-trou.
Pensum Travail forcé.
Type de corvée.
Pentacle Étoile de la magie.
Penthiobarbital En vérité, est-il vraiment efficace ?
Pentu A une bonne descente.
Pep Allant... en Amérique.
À base de punch.
Variété de pêche.
Punch américain.
Pépère L'homme tranquille.
Pépie Se calme en sifflant.
Perdus Pas dans la salle.
Perfectionniste Être homme de bien ne lui suffit pas.
A toujours mieux à faire.
Homme de progrès.
Périmètre Ligne périphérique.
Périphérique Fait du porte à porte à Paris.
Perlimpinpin Poudre à éberluer.
Permis Pièce pour la voiture.
Feu vert.
Permission Liberté provisoire.
Perquisition Fouilles officielles.
Persévérant Gardien de but.
Persona grata Huile appréciée.
Reçue cinq sur cinq.

Personnel	Particulier ou effectif.
Perte	Bouillon bu.
Pervertisseur	Embauche pour la débauche.
Pesetas	De la braise dans les foyers espagnols.
Peso	Gourde de Dominicain.
Pestiféré	Cause des fuites.
Pet	Un vent que l'on sent passer.
	Vent contrariant.
	Se fait discrètement ou bruyamment.
	Vent qui défrise.
	Un bruit qui ne serait pas sans fondement.
	Tour de guet.
	Le bruit du vent.
Pétante	Juste à l'heure.
Pétarade	Un bruit qui court.
Petitesse	Réduite à la modicité.
Pétition	Œuvre collective.
Peton	Petit pied.
Pétrin	Moulin de la galette.
	Centre de formation pour la boulangerie.
Pétrole	Or noir ou bleu.
Peu	Nom de guère.
	Ne nous fait pas grand-chose.
Peur	Pleine de jetons.
	Grande bleue.
Peureux	Collectionneur de jetons.

Phallocratie	L'empire du mâle.
Phare	Guide maritime.
	Tour des bords de mer.
Phénix	Spécialiste de la renaissance.
Philanthrope	Grand bien vous fasse !
Philatéliste	Fidèle aux postes.
Philtre (d'amour)	Boisson chaude.
Phlyctènes	Effets de manches.
Phonographe	Ancien aiguilleur de l'air.
	Laboureur de sillons.
Photo	Cliché journalistique.
Phraséologie	Style en pire.
Phraseur	Développe des clichés.
Phtisie	Faisait partir au galop.
Phylactère	Fait des bulles.
	Ballon captif.
Physiognomonie	La science regardée en face.
Pi	Un chiffre dans les lettres.
Piaffements	Rien à voir avec les impatiences d'Édith.
Piano	Une façon d'aller sans risques en Italie.
	Livré par le facteur.
Piano-bar	Café-concert.
Pichet	Pot de vin.
Picots	Filets de soles.
Pidgin	Langue farcie.
Pie	Margot est son nom de plume.

Pièce	Rond de ronds.
	Montée sur une table ou se monte sur un plateau.
Piécette	Prise dans la mitraille.
Pied	Joue mal ?
Piège	Collet monté.
Piéride	Naît dans un chou.
Pierre	N'a pas toujours été polie avec nos ancêtres.
Piété	Son mont est chez ma tante.
Piétons	Obstacles à la circulation urbaine.
Pieuse	Sage femme.
Pifomètre	Flair du blair.
Pigeon	Vole au jeu.
	Lampiste.
Pigeonnier	Chambre pour tourtereaux.
Piler	Préparer le menu.
Pilifère	À poil.
Pili-pili	Brûle gueule.
Piller	Emporter dans un sac.
Piment	Incendiaire du palais.
Pin	Essence de térébenthine.
	Faux pommier.
Pinaille	Chinoise.
Pinard	Trop populaire pour être du château.
Pinardier	Met du vin dans sa flotte.
Pince-sans-rire	Drôlement froid.
	Marrant glacé.

Pingouins	Habitants de l'île de France.
Ping-pong	Services de table.
Pingre	Court de la bourse.
Pinte	Munitions pour les canons.
Piolet	Pic à glace.
Pion	Pièce de jeu.
	Reste à l'étude.
Pipe	Préférable fendue que cassée.
Pipeau	Sous-fifre.
Pipi	Fuite d'enfant.
	Fait envie aux enfants.
Pique-assiette	Rallonge de table.
Pire	Au-delà du mal.
	Politiquement incorrect.
Pis	Affaires en suspens.
	Organe de presse.
Pisé	Terre à bâtir.
Piste	File en douce.
Pithécanthrope	Un vieil homo très bête.
Pitrerie	Divertissement d'Auguste.
Placard	Bureau politique.
	Retraite de fonctionnaire.
Placet	Billet de faveur.
Placide	Ne fume pas.
Plage	Morceau de musique.
Plaie	Lèvres ouvertes.

	A les lèvres rouges.
	Accroc dans un tissu.
Plaine	Plat campagnard.
	Plat de terre.
Plaire	Tomber souvent.
Plaisantin	Fumiste non agréé.
Plan	Levé avec une échelle.
Plancher	Vachement ferme.
Plancher des vaches	Terre des hommes.
Planétarium	Ciel couvert.
Planisphère	Plat de terre.
Planning	Affaire familiale sous contrôle.
Plant	Petit pied.
Planton	Service militaire.
Plastic	Pâte à pain.
Plastron	Souvent blanc et glacé en bas du col.
Plat	Fait pour séduire.
Platane	Auto-stoppeur.
Plateau	Aire de jeu.
Plectre	Gratteur de guitare.
Pléiade	Réunion brillante.
Plein	Ras le bol.
Plénière	A tous ses membres.
Plénitude	État totalitaire.
Pléonasme	Petit nain.
	Décapiter la tête.
	Monte en haut ou descend en bas.
	Panacée universelle.

Pléthore	Cause d'inondation.
	Overdose.
Pleur	Goutte de prunelle.
Pleurnicheuse	Petite Madeleine.
Pleurs	Eaux de chagrin.
Plexiglas	Sous verre.
Ploutocrate	Tête d'or.
Ploutocrates	Des gros qui font un régime.
Pluie	Tombe des nues.
Pluriel	Ne se prend pas pour un type unique.
Plus	Signe de croix.
P.M.	Employé à mi-temps.
P.M.E.	Petite boîte.
Pneu	Voyage autour de la chambre.
	Lettre ou enveloppe.
Pneumologue	Étudie les cavernes.
Poète	Lutheur poids plume.
Pogne	Main courante.
Poilu	Avait de la barbe jusque sur le front.
Poing	Arme individuelle.
	Arme à la main.
Poings	Fermés pour dormir.
Pointillé	Ligne de démarcation.
Poireau	Légume à l'huile.
	Décoration très attendue.
	Légume long à venir.
Pois	Les petits du pigeon.

Poisson	Tire-bouchon.
Poissonnière	Elle a la pêche.
Poitrine	Caisse populaire.
Poivrot	Toujours à l'affût du canon.
Polaire	Étoile ou star d'autrefois.
Polémiste	Grande gueule toujours d'attaque.
Police-secours	Vachement utile en cas de danger.
Politesse	Article du code civil.
Politicard	Fait le siège des cabinets.
Pollen	Poudre à éternuer.
Polygonacées	Une famille qui a de l'oseille.
Polytechnicien	Classé X mais pas au cinéma.
Pompe	Classe militaire.
Ponctuation	Point marqué.
Pondoir	Panier d'œufs.
Pongiste	Sert à table.
Pont-levis	Passe-muraille.
Pontonnier	Homme de génie.
Pool	Jeu de sociétés.
	Réunion de travail.
	Groupe anglais.
Pope	Ministre grec.
Popotin	Siège mou.
Popu	Front d'avant guerre.
Populace	Masse basse.
Popolo	Vit partout en Italie mais a sa place à Rome.

Porcelainier	Chasseur d'éléphants.
Porion	Patron de galerie.
Port	Touché par la vedette.
	Ville d'eaux.
Portail	Entrée solennelle.
Porte	Lieu de passage.
	Poste d'écoute.
Porte-bagages	Filet garni.
Porte-bonheur	Gris-gris blanc.
Porte-parole	La voix de son maître.
Porte-plumes	Nègres ou Indiens.
Porter	Prendre en charge.
Pose	Inactivité de modèle.
	Exposition temporaire.
Position	Point donné.
Positions	Places d'armes.
Posologie	Conseil d'administration.
Poste	Préside s'il est fort.
Postface	Éclairage supplémentaire.
Postsynchronisation	Double jeu.
Pot	Enjeu de cartes.
	Sourd de naissance.
	Sa fortune est inestimable.
	Veine populaire.
	A une fortune à manger.
Potasser	Bûcher.
Pot à tabac	Forme d'être.

Pote	Intouchable en principe.
Potence	Point de suspension.
Potier	Travailleur de la terre.
	Fait tourner la terre.
Potin	French cancan.
Potlatch	Cause de sacrés dégâts.
Pou	Toto à l'école.
Pouet-pouet	Coups de corne.
Pouic	Rien à entraver.
Pouilles	Chantées en sonnant les cloches.
Poulailler	Paradis artificiel.
	Habité par des cocottes.
Poulain	Coursier débutant.
Poularde	Poule de luxe.
Poulbot	Petit Montmartrois illustré.
Poulet	Commence par le coco, finit par la cocotte.
Poussée	Coup de force.
Pousse-pousse	Taxi jaune.
Poussières	Petite monnaie.
Poutre	Auxiliaire du parquet.
Pouvoir	Avoir les moyens.
P.Q.	Se déroule dans les cabinets particuliers.
Praire	Vénus sur un plateau.
Prairie	Champ libre.
Pré	Vachement occupé.
	Est vachement nourrissant.

Précautions	Soins préventifs.
Précepte	Haut commandement.
Précepteur	N'est pas maître chez lui.
Préceptrice	Maîtresse sans classe.
Prêchi-prêcha	Coup de rasoir.
Préciser	Mettre au net.
Préméditation	Calcul mental.
Prémisses	Avant-premières.
Prémonition	Idée avancée.
	Toujours en avance sur son temps.
Prend	Chope à la main.
Prés	Les disparus de Saint-Germain.
Prescription	Bonne instruction.
Prescrite	Blanchie par l'âge.
Présentation	Ecce homo.
Présentoir	Gondole sans gondolier.
Présomption	Auto-suffisance.
Presqu'île	A les côtes en long.
Presse-bouton	Technique de guerre.
Presse-citron	Tire-jus.
Pressing	Service de presse.
Prêt	Avance risquée.
	Nom d'emprunt.
Prétendre	Aspirer très fort.
Prétendu	Avancé sans garantie.
Prétentaine	Courue par les coureurs.
Prêter	Avancer avec confiance.

Preuve	Établissement sérieux.
Preux	Brave vieux.
Prévôt	Détenu à part.
Prime	Prix d'encouragement.
	Règlement de police.
Printemps	Sacré en musique.
	Années de jeunesse.
Priorité	Privilège de la droite engagée.
	Revendiquée par la droite.
Prise	Va au fil du courant.
	Cravate très serrée.
Prises	Spécialités gréco-romaines.
Privatisation	Sortie du public.
Privé	Point commun.
Prix	Fait en argent.
Pro	Partisan du latin.
	Anti-anti.
Probe	Parfaitement droit.
Procession	Théorie de croyants.
Procuration	Délégation officielle.
Prodigue	Fils d'avare.
Prof	Figure de haute école.
Profil	Tour de tête.
Prohibitionniste	Était très hostile aux Américains noirs.
Proie	Casse-croûte à emporter.
Projecteur	Spot en cours de tournage.
Prolégomènes	Hors-d'œuvre variés.

Prolétaires	Camarades de classe.
Prolongation	À la fin des temps.
Prononciation	Façon de parler.
Pronostic	Une idée qui a de l'avenir.
Propagandiste	Vendeur de salades.
Prophète	Jamais naturel.
Propice	Bon pour le moment.
Propriétaire	Homme de bien.
Prose	Style roman.
	Ne rime à rien.
	Épatait drôlement le bourgeois.
Prosélytisme	Offre d'emploi.
Prosodie	Système métrique.
Protecteur	Joueur de piston.
Prouesse	Action de grande valeur.
	Morceau de bravoure.
	Opération du crâne.
Proustienne	Littérairement comblée d'un côté et de l'autre.
Prout	Le bruit du vent.
Proverbe	Don de sagesse.
	Va dans le bon sens.
Providence	Une sacrée dépanneuse.
Province	A beaucoup de trous.
Prudent	Ne risque rien.
Pruneaux	Balles populaires.
P.S.	Parti ou revenez-y.

Pseudo	Fausse identité.
Pseudonyme	Lorrain mais pas Breton.
Pseudonymes	Masques de plumes.
Psoas	Voisin d'un grand couturier.
Psyché	Conduite intérieure.
Psychisme	Esprit, es-tu là ?
Psychodrame	Jeu de société.
Ptère	Donne des ailes.
Pub	Irish coffee.
Puceau	Rosier ?
Pucier	Couche populaire.
Pue	Cogne dans le nez.
	Fouette fort.
Puériculture	Les roses et les choux n'y ont pas leur place.
Puérilité	Production mineure.
Pugilat	Partage des pains.
Pugiliste	Ancien combattant.
Puîné	Cadet caduc.
Puits	Détient la vérité.
Pulpe	Pâte de fruits.
Pulsion	Poussée de l'intérieur.
Punaise	Gendarme dans les bois.
Punching-ball	Se bourre de marrons.
Punir	Faire purger.
Pupitre	Place du chef.
Purée	Mousseline ou mouscaille ?
	A été mise au pilon.

Purgatoire	Salle d'attente.
Purin	Produit de la ferme.
Puriste	Amateur de corrections.
Puritain	Pur et dur.
Purotin	Un sans un.
Pur-sang	Très noble conquête de l'homme.
Purulence	Ne cache pas sa mauvaise humeur.
Putt	Coup de canne.
Puzzle	Pièces détachées.
P.V.	Auto-punition.
Pygmée	Menu exotique.
	Un petit noir.
	Rikiki en Afrique.
Pygmées	Petites gens.
Pyjama	Costume de page.
Pylône	Chargé d'électricité.
Pyromane	L'homme au foyer.
Pyrotechnicien	Lance-fusées.

Q

Quadragénaire	Homme du moyen âge.
Quai	Côte de port.
Quand	Question de temps.
Quant-à-soi	Réserve personnelle.
Quarante	Moins vingt.
Quart de brie	Nez qui coule.

Quarté	Réunion hasardeuse.
Quatorzième	Garde-lion à Paris.
Quatre	Doublé en voiture.
Qu'en-dira-t-on	La voix de la réaction.
Quenotte	Fait croquer le marmot.
	Dent mineure.
Quenottes	Les dents de la mère.
Querelleur	Ne met pas d'huile dans ses salades.
Questionnaire	Points d'interrogation.
Questionneur	Un type curieux.
Quête	Forme de manche.
	Boutonneuse.
	Ramassage de l'oseille.
	Fait donner la mitraille.
Quêter	Taper au hasard.
	Glaner un peu de blé.
Quêteuse	Femme-tronc.
Quêtions	Collections.
Queue	Théorie d'attentistes.
	Théorie qui ne progresse pas vite.
Quiche	Lorraine assez tarte.
Qui est là ?	Réaction après coup.
Quiétude	La paix des braves.
Quille	Renversée en partie.
	Fin de service.
Quine	Cinq sur cinq.
Quintessencier	Procéder au raffinement.

Quittance	Sert de décharge.
	Délivrée aussitôt après l'acquittement.
Quitte	Arrêt de jeu.
	Partie gagnée.
Qui-vive	Question de sécurité.
Quota	Pourcentage imposable.
Quotidienneté	Spécialité du jour.

R

Rab	Un plus.
Rabais	Demi-solde.
Rabatteuse	Conductrice de chalands.
Rabelaisien	Gaulois littéraire.
Râble	Point de chute.
Raccord	Liaison directe.
Raccourci	Itinéraire bis.
Rachat	Opération de sauvetage.
Racine	Se prend sur place.
Racines	Prises de terre.
Racketteur	Ramasseur de magots.
Racolage	Entreprise de dragage.
Racontars	Bruits désagréables.
Radar	Nouvel observateur.
Radeau	Bois de flottage.
	Issue de secours.
Radier	Amputer d'un membre.

Radiesthésiste	Capteur d'ondes.
Radine	Vient du peuple.
Radio	Donne à voir ou à entendre.
	Photo d'intérieur.
Radis	Le rose et le noir.
Rafale	Coup de vent et coups de feu.
Rafle	Oppose les poules aux poulets.
Rage	Amour fou.
Raglan	Capote anglaise.
Ragot	Bruit désagréable.
Rahat-loukoum	Douceur orientale.
Raid	Descente rapide.
Raie	Ligne pour le merlan.
	Ligne ou poisson.
Rail	La route du fer.
Raillerie	Pointe de flèche.
Railleur	Chineur.
Raisiné	Sang apache.
	Le sang du peuple.
Raison	Cause à défendre.
	Sartre nous a donné son âge.
Raisonnement	Opération de cerveau.
	Fruit de la pensée.
Rajeunir	Gagner du temps.
Rajeunissement	Espérance de vie.
Râle	Chant funèbre.

Râler	Annoncer son départ.
	Faire ses adieux.
Ralliement	Rencontre à point nommé.
	Panaché béarnais.
Rallier	Gagner un point.
Rallonges	Suppléments à table.
Ramage	Chanson de piaf.
Ramassage	Activité scolaire.
Ramenant	Restaurant.
Ramoner	Élever des hérissons.
Ramure	A des cors.
Ranch	Ferme avec les cow-boys.
Ranci	A mal vieilli.
Rancissement	Suppression des frais.
Rancœur	Dent conservée.
	Grosseur sur la patate.
Rançon	Monnaie d'échange.
Rancune	Dent.
Rang	Réserve d'officiers.
	File dans l'autre sens.
Rangée	Se conduit très bien.
Ranimer	Faire revenir à feu doux.
Rap	Chanson à message.
Rapatriée	Une femme qui retourne chez sa mère.
Rapetassage	Reprise économique.
Rapide	Cours accéléré.
Rapiécer	Remettre des fonds.

Rappel	Rentrée des classes.
Rapporteur	Cafard d'enfant.
Rapporteuse	Petite balance.
Rapportions	Relations.
Rapports	Relations dans la police.
Rapt	Enlèvement des ordures.
	Menace pour les mineurs.
Rara	C'est l'avis de Juvénal.
Ras	Bord à bord.
Rasade	Coup de canon.
Rasage	Coups de fil.
Rase-pet	Peut tenir chaud mais n'est pas à l'abri du vent.
	Sa mode n'est plus dans le vent.
Raser	Sacrifier un bouc.
	Couper court.
Raseur	Crampon qui s'accroche.
Raseuse	Femme à barbe.
	Pompe à air.
Rasoir	Sacrificateur de boucs.
Raspoutitsa	Défaite du général Hiver.
Rat	Petit corps de ballet.
Rata	Bouffe des hommes.
Ration	Repas du guerrier.
Rationnement	Régime de guère.
Rationner	Régler la consommation.
Raton	Laveur inventorié.

Rattachement	Prise de terre.
Rattrapage	Problème de classe.
Ravaler	Mettre bas.
Rave	Est dans les choux.
Ravine	Le lit dans la vallée.
Rayé	Victime du coup de barre.
Rayère	Trait de lumière.
Razzia	Sac arabe.
Réa	Monte-charge.
Réacteur	Force de jet.
Réaction	Force aérienne.
Réalisateur	Grosse tête sur un plateau.
Reality-show	La comédie humaine.
Rebouter	Remettre en place.
Rebut	Cimetière de lettres.
	Poste restante.
Recalé	Victime de la lutte des classes.
	Victime du devoir.
Recaler	Ne pas admettre.
Recel	Garde du corps (du délit).
	Détention arbitraire.
	Attrapé au vol.
Receleur	Bénéficiaire de tarifs spéciaux sur certains vols.
	Sa propriété, c'est le vol.
Recensement	Des chiffres et des êtres.
Réception	Partie du monde.

Recettes	En francs ou en livres ?
Recherche	Du temps perdu ?
Récif	Naufrageur.
	Ouvreur de coques.
Récitation	Morceau à débiter.
Réclame	Pub à l'ancienne.
Reclassement	Ordre nouveau.
Recluse	Femme d'intérieur.
Réclusion	Vie intérieure.
Récolte	Bénéfice de la quête.
Recommandation	Note de piston.
Reconnaissant	A du cœur au ventre.
Reconnaissions	Confessions.
Reconstitution	Remise en forme.
Récréation	Permission de détente.
	Divertissement de cour.
Recrû	Repousse du pied.
Recrue	Bleu, mais plus bleu horizon.
Recrutement	Levée.
Rectification	Un minimum de correction.
Recto	Fait face.
Reçu	Pièce de réception.
	Souvenir d'un règlement de compte.
Recueil	Réunion littéraire.
Recul	Préretraite.
Récupération	Reprise des affaires.
Red	Rouge pour un Rosbif.
	Rouge d'outre-mer.

Rédacteur en chef	Meneur de revue.
Redan	Cran de ceinture.
Reddition	Ouverture des portes.
Redevance	Rançon du progrès.
	Le poids des chaînes.
Redondance	Abus de langage.
Redressée	Remise en forme.
Réel	A son existence assurée.
Réélu	A repris du fromage.
Réemployé	Rappelé au service.
Réentendre	Revenir sur une plage.
Réfection	Simple collation ou grande restauration.
Réfectoire	Salle à manger.
	Restaurant communautaire.
Références	Garanties de l'emploi.
Référendum	Calvaire normand.
Refoulé	A fait la grève des transports.
Réfrigérateur	Armoire à glace.
Refus	Arme de la résistance.
	Non imposé.
Refuser	Repousser rapidement.
Reg	Nature morte.
Régal	Menu plaisir.
Régicide	Assassin qui frappe à la tête.
Régime	Amenuise les menus.
	Ceinture plus ou moins serrée.
	Réparateur de lignes en dérangement.

Régiment	Enfant de colon.
Régional	Local en province.
Régionalisme	Tour du cru.
	Tour de province.
Règle	Exceptionnellement confirmée.
	Suivie d'un trait.
Réglisse	Bâton de jeunesse.
	Fournisseur de coco.
Regret	Petit rongeur.
Regrets	Promis au feu.
Réifier	Faire des choses.
Reine	Miss France.
Reine-claude	Couronnée pour des prunes.
Reître	Était porté sur le sac.
Relâche	Arrêt de jeu.
Relâchement	Arrêt de rigueur.
Relais	Maison d'arrêts.
Relation	Effet de commerce.
Relations	Des gens fréquentables.
Relégation	Résidence secondaire.
Relevailles	Suite de couches.
Relevé	Compte bancaire.
Reliefs	Accidents en série.
Relieur	Exploiteur de chagrins.
Reliques	Hauts reliefs.
Remariage	Changement de chaînes.
Remboursement	Règlement de compte.

Remembrer	Recoller les morceaux.
Remémoration	Recherche du temps perdu.
Remerciement	Reconnaissance de dette.
Remettez-moi-ça !	Trois mots pour... un autre.
Remettre	Reporter.
Remonte	Coucherie chevaline.
Remonte-pente	Élève des sportifs.
Remontrance	Procès verbal.
Rémora	Parasite anti-parasite.
Rempart	Ceinture de sécurité.
Remplir	Faire du rentre-dedans.
Remplissage	Bouche-trous.
Renaissance	Remise à jour.
Rencontre	Jeu de hasard.
Rendu	Bien retourné.
Rêne	Attachée de direction.
	Guide à cheval.
Renifler	Remonter des chandelles.
Renifleur	Petit morveux.
Renommée	Trompettiste populaire.
Renoncement	Sacrifice humain.
Rénovant	Restaurant.
Rénovateur	Partisan de la réforme.
Renseignement	Éclaire plus ou moins.
	Service de bureau.
Renseignements	Généraux dans la police.
Rentes	Sous produits.

Rentre-dedans	Cour populaire.
Rentrée	Rappel des classes.
	Vague de fonds.
Renvoyer	Remercier vivement.
Réorganisation	Ordre nouveau.
Repasser	Écraser des limaces.
Repasseuse	Dame de fer.
Repêcher	Sortir des fonds.
	Sortir du lit.
Repenti	A commencé la réparation.
Répétition	Activité théâtrale.
	Couturière de théâtre.
Répétitrice	Ex-pionne.
	Sous-maîtresse.
Réplétion	Phénomène de satiété.
Réplique	Se donne en spectacle.
Réponse	Droit dans un canard.
Reportages	Relations de voyages.
Reposoir	Autel particulier.
Repoussoir	Embellit son environnement.
Répréhensible	Justifie l'emploi d'un savon.
Représentant	Figurant ou voyageur de commerce.
Répression	Choc en retour.
Repris	A raté la belle.
Reprise	Ne se voit presque plus en bas.
Reproduire	Donner la réplique.
Réputation	Miroir déformant.

Réquisition	Saisie par l'armée.
Réquisitoire	Texte plein de fautes.
Rescousse	Reprise ancienne.
	Reprise justifiée.
Réséda	Plante verte.
Réserve	Salle d'attente.
Résident	N'habite pas chez lui.
Résille	Filet de merlan.
Respectueuse	La poule à Sartre.
Respirer	Prendre l'air.
	Donner signe de vie.
Responsable	Auteur ou comptable.
Resquille	Vol d'essai.
Resquilleur	Passe-droit.
Ressac	Coup de lame.
Ressemblance	Air partagé.
Ressentiment	Plus ou moins gros sur la patate.
	Grippe larvée.
	Uniquement Rome.
	Mauvaise digestion.
Ressort	Il le fait dès qu'on le libère.
	Énergie nouvelle.
Restant	Complément direct.
Restaurateur	Spécialiste du piano.
	Traite ou retape.
Restaurer	Faire disparaître des ans le réparable outrage.

Reste	Etc.
Rester	Éviter les fuites.
Restes	On s'en accommode avec art.
Restrictions	Crans de ceinture.
Résurrection	Debout les morts !
Retard	Décalage horaire.
Retendoir	Clé musicale.
Retenir	Garder en souvenir.
Réticule	Bourse en sac.
	Filet de merlan.
Retirer	Faire une soustraction ou une addition.
Retombée	Retour à la terre.
Retordre	Travailler sur un fil.
Retors	Sous-malin.
Retouche	Travail de pompier.
Retoucher	Reprendre le travail.
Retraite	Le dernier revenu.
	Abandon de poste.
Rétro	Coup de queue.
	Un goût de revenez-y.
	Passé au présent.
Rétrospection	À la recherche du temps perdu.
Réussite	Espérance de vie.
	Envers de revers.
	Jeu solitaire ou jeu de société.
	Fin heureuse.
Revancharde	Femme battue ?

Revanche	Reprise justifiée.
Rêve	Évasion d'un lit-cage.
Réveille-matin	Fait sauter des pages.
	Diane.
	Arrache des plumes.
Revenant	Esprit revanchard.
	État d'âme.
Revenu	Rentré ou rentrée.
Revenus	Anciens partis.
	Bons rapports.
Révérence	Se tire en partant.
Revers	Partie d'échecs.
Rêves	Belles de nuit.
Revêtir	Passer sur le corps.
Révision	Séance de repassage.
	Son conseil est devenu inutile.
Révolté	A l'air mutin.
Révolutionnaire	Tape sur le système.
Revoyure	Ce n'est qu'un au revoir, les gars !
Revue	Examen de passage.
Revuiste	Se moque de l'actualité.
Rewriter	Plume de dessous.
Rez-de-chaussée	Idéal pour un pied-à-terre.
Rhétorique	Fleuriste bavarde.
Rhinocéros	La bête humaine au théâtre.
Rhotacisme	Fait parler de façon incroyable.
Rhum	On l'a dans le baba !

Rhume	Petit morveux.
	Fabricant de chandelles.
Ria	Rentrée de liquide.
	Conquête maritime.
Richard	À la tête de nombreuses unités.
Richelieus	Pompes cardinalices.
Riches	Couverts d'argent.
Richesse	Bien élevé.
Rickshaw	Taxi jaune.
Ricin	Huile de vidange.
Rideau	Terme de jeu.
Rides	Souvenirs du temps passé.
Ridicule	Tueur souvent frisé.
Ridiculisé	Mort vivant.
Ridule	Microsillon.
Rien	Impondérable.
Rif	Feu du milieu.
Rifle	Long feu.
Riflette	Nom de guerre.
Rillettes	La fortune du pot.
Rimailleur	A les pieds plats.
Rime	L'amour du tambour.
Ring	Élevé pour le combat.
R.I.P.	Vœu pieux.
Ripaille	Gueuleton à faire.
Riposte	Tac.
Ripou	Accusé de réception.

	Poulet faisandé.
	Poulet à vendre.
Rire	Arme pour désarmer.
	Fou en liberté.
Ris	Du veau dans les voiles.
Risée	Brise ou est faite d'éclats.
Risette	Fête des mères.
	Un certain sourire.
Rite	Pratique régulière.
Rival	Homme à effacer.
Riverain	Homme de bord.
Rivière	Cours secondaire.
R.M.I.	Cache misère.
R.N.	Ligne interurbaine.
Roast-beef	Rosbif de Rosbif.
Robusta	Fort de café.
Rocking-chair	Siège instable.
	Berceuse anglaise.
Rodéo	On y malmène les assiettes.
Rodomontade	Coup de bravache.
Rogaton	Reste après dîner.
Rohart	C'est du morse !
Roi	S'amuse quand il est au théâtre.
Rôle	Tenu pour jouer.
	Emploi provisoire.
Roller	Roule des patins.
Rollmops	Filet à cornichons.

Romaine	Modèle de bonté.
Roman	Tess d'Urberville ou Polanski.
	Un style ou un genre.
Romanesque	Pas prosaïque mais pas poétique non plus.
Rompu	Moulu ou cassé.
Ronde	Tour de contrôle.
Rondeur	Le gros de la troupe.
Rondeurs	De gros volumes.
Ronfler	Dîner en musique.
Ronge	Fait comme un rat.
Ronron	Produit par les chats ou par les vers.
Room	Pièce de Rosbif.
Roquet	Croisement bruyant.
Rosaire	Ça fait beaucoup de grains à la foi.
Rose	Fleur fraîche.
	A des vents.
	Pompon ou bonbon.
Rosée	Dépôt en liquide.
	Arrivée d'eau.
Roses	Fleurs en pot.
Rosier	Continent peu connu.
Rosière	Demeure chaste et pure.
Rossée	Servie avec des châtaignes.
Rosserie	Pique des vaches.
	Vachement bien balancée.
	Mots fléchés.

Rossignol	Passe dans l'illégalité.
	Chante ou n'enchante pas.
Rot	Reconnaissance du ventre.
Rotation	Tour du monde.
Roter	Dégazer.
Rôtisseur	Ses réussites dépendent de ses fours.
Rôtisserie	Établissement royal de France.
Roture	On s'y passe des armes.
Roturier	Né mais pas bien.
Roturière	Arrivée sans armes.
Rouages	Tous solidaires dans un bon mouvement.
Roucoulades	Propos amoureux.
Roudoudou	Le bois sucré.
Rouelles	Ronds de jambes.
Rouer	Casser les pieds et même bien davantage.
Rouflaquettes	Favoris du chef.
Rougeaude	Femme de couleur.
Rougeur	En joue… feu !
Rougi	A pris un coup de sang.
Roulante	Cuisine à emporter.
Rouler	Empiler ou déplacer.
Roulette russe	Jeu dangereux.
Roulotte	Home libre.
Roulis	Barbouilleur de marine.
Round	Acte sportif.

	Reprise sur un tapis.
	Tour d'Angleterre.
Roupillon	Petit piqué.
Roussâtre	Tire sur le fauve.
Rousse	Police périmée.
	Compagnie de perdreaux.
Route	Voie officielle.
Routier	Entraîneur de poids lourds.
Routine	Recette de pot-au-feu.
Routinier	Voyageur en train-train.
Roux	Fauve agressif.
Ru	Loire inférieure.
	Somme dérisoire.
	N'aura jamais son bac.
	Un cours que l'on peut sauter.
	Menu avec du fretin.
	Cher au départ.
	Vilaine au début.
	Loir qui vient de naître.
Ruade	Vacherie de cheval.
Ruban	Petite faveur ou grand honneur.
	Insigne de croix.
Rubanerie	Vend ses faveurs.
Rubiconde	Femme peau rouge.
Rubis	Balais roses.
	Rouge à ongle.
Ruche	Habitation ouvrière.

Rudiment — Base de départ.

Rue — École libre.
Voie de garage.

Ruée — Élan de troupeau.

Ruelle — Salon à coucher.

Rugby — Jeu à transformations.

Rugissement — La voix royale.

Ruine — Concernée par la restauration.
Reste debout.

Ruissellement — Cascadeur.

Rumen — Panse bête.

Rumex — Patience du jardinier.

Rumsteck — Fond de culotte.

Rusez — Conseil de guerre.

Rush — Course à l'américaine.

Russe — Lapin mais pas latin.

Rusticité — L'air de la campagne.

Rustine — Collée au trou.

Rutacées — Famille à la rue.

Rythmique — Repose sur les pieds.

S

Sabbat — Festival de balais.

Sabir — Mauvaise langue.

Sabot — Pompe à la ferme.

Sachem — Huile rouge.

Sacoche Moyen de transport.

Sacre Grand coup de pompe.
Bénit ou blasphème.

Sacrements Laissez-passer.
Coups de grâce.

Sadisme Mal imposé.

Sagaie Arme blanche mais noire.

Sagard Fait la planche.

Sage Éclairé mais pas illuminé.

Sagesse Mirage de dent.

Sagouin Singe ou cochon.

Saigneur Coupe-gorge.

Saillie Coup de semence.

Sain Pas patient.

Saint Le héros de la fête.
Amour du Beaujolais.

Saint-bernard Sacré nom d'un chien !

Sainteté (odeur de) Un sacré parfum.
Parfum de Saint-Laurent ?

Saisir Réaliser un exploit.

Saisonnier Travailleur à temps partiel.

Saisons Quatuor musical classique.

Salade Chapeau fort.

Salades Bonnes feuilles.

Salaire Revenu du travail.

Salami Jésus en Italie.

Salé	Petit à côté des lentilles.
	Petit du cochon.
Saliens	Franco-belges.
Salière	Sous l'épaulette.
Salignon	Le pain et le sel.
Saline	Boîte à sel.
Salive	Débordement de paroles.
	On en bave.
Salle des ventes	Nid de rossignols.
Salon de coiffure	Banc de merlans.
	Aire de Figaro.
Saloon	Bar américain.
Salt	Sel pour les hamburgers.
Salut	Objectif d'une armée.
	Se fait souvent à main levée.
	Simple comme bonjour.
	Touche au port sur un plateau.
Samaritain	Vieux secouriste.
Samedi	Entre le rire et les larmes.
Samu	Service de presse.
Sandale	Pompe religieuse.
Sang	Se conserve froid.
Sang-froid	Agent de maîtrise.
Sanglots	Longs morceaux de violons.
Sanguin	Gros rouge.
Sans	Privé.
Santons	Tout le monde sait où ils crèchent.

Sapeur	Grand fumeur.
	Est en tablier dans la cuisine.
Sapiens	Sage pour un homo.
Sapin	Du bois pour le feu.
	A souvent les boules quand on lui met une décoration.
Sarbacane	Tube à lancer.
Sarcasme	Flèche empoisonnée.
Sarcophage	Bière supérieure.
Sardine	Marque de caporal ordinaire.
Sarrasin	Moulu en Espagne, écrasé dans le Poitou.
Sas	Passage protégé.
Satellites	Tournent de plus en plus pour la télévision.
Satiété	Plein fait.
Satire	Vachement bien écrite.
Satiriste	Dur de la feuille.
	Auteur vachement doué.
Satisfaction	Excellent résultat.
Satisfecit	Bon pour accord.
Saturnale	Licence ès lettres.
Saucier	Agent de liaisons.
Saucisses	Comprennent les gendarmes.
Saurisserie	Centre de formation pour les gendarmes.
Saut	Passage à vide.
	Sport de détente.
	Décollage immédiat.

Saute	Mouvement d'humeur.
Saute-mouton	Un jeu bête.
Sauterie	Jeux de quilles.
Sauve-qui-peut	Front fuyant.
Sauvetage	Issue de secours.
Sauveteur	Zorro de conduite.
Savoir	Culture intensive.
Savon	Mousseux de Marseille.
Saxifrage	Le désespoir des peintres.
Sbire	Poulet-spaghetti.
Scalp	Coupe de danse américaine.
Scansion	Fait sentir des pieds.
Scénario	Histoire du cinéma.
Scénariste	Brodeur sur canevas.
Scène	Unité de lieu et d'action.
	Haut plateau.
Scenic railway	Chemin de fer anglais dans les montagnes russes.
Schelem	Poignée de main
Schibboleth	Mesure de capacité.
Scie	Machine à ruban.
	Coupe avec les dents.
Science	Infuse au fond du puits.
Sciène	Maigre à manger.
Scierie	Maison de planches.
Scion	Bout de canne.
Scoliose	Tourne le dos.

Scratcher	Retirer des épreuves.
Scripophilie	Intéresse les collectionneurs à plus d'un titre.
Script-girl	Une fille qui écrit en anglais.
Scriptum	Fidèle au post.
Sculptural	Homme canon.
Séant	Siège personnel.
	Permet de s'asseoir correctement.
	Siège arrière.
Seau	Va au charbon.
	Petit transporteur.
	Moule à pâtés.
Sébile	Coupe de la manche.
	S'avance sous la mitraille.
Sébum	Matière grasse au poil.
Sec	On n'y voit goutte !
Sécateur	Taille des pieds.
Sécession	La guerre des étoiles.
Sécessionniste	Soutien de la partition.
Sécheresse	Vient sans précipitation.
Secondes	Au train où elles vont, ne seront évidemment jamais premières.
Secouriste	Garçon de l'assistance.
Secours	Service de dépannage.
Secret	Tu.
Secrétaire	Dame de bureau ou bureau de dame.
Secteur	Zone militarisée.
Section	Partie en autobus.

Sécu	Le tonneau des Danaïdes.
Sédatif	Diminue le temps de cuisson.
Sédentaire	A une situation très stable.
Sédiment	Couche dans un lit.
Séductrice	Une femme qui tombe.
Segment	Article sur les insectes.
Ségrégationniste	Garde-barrière.
Séide	Bon à tout faire.
Sein	Fait pendant.
	Intérieur ou très extérieur.
Seins	Outres-mères.
Séisme	Animé par un feu intérieur.
	Mouvement de terrain.
Séjour	Résidence secondaire.
Sel	L'eau en grains.
	Demi, compte pour du beurre.
	Gros à côté du bœuf.
	Grains marins.
	Marin des marais
	Gros marin.
Sélectionné	Choisi sur épreuve.
Sélectionner	Faire le bon choix.
Self	Ça sert d'auto !
Self-made-man	Directeur de l'auto-école.
Selle	Place assise.
Sellette	Point d'interrogation.
Sellier	Homme d'équipage.

Sels	Réanimateurs.
Semaine	Sainte d'Aragon.
Semer	Prendre ses distances.
Semestre	Doublé tous les ans.
	Mi-temps.
Semeur	Distributeur de volées.
Semeuse	Fidèle aux postes avant la guerre.
Séminaire	L'école des pères.
Semoir	Distributeur du crédit agricole.
Semoule	Couscous, la voilà !
Sénevé	Un grain parabolique.
Sens interdit	Auto-défense.
Sente	Laie de chèvres.
Sentencieux	Sert la pensée à la pompe.
Sentimentalisme	Fait pousser des fleurs bleues.
Sentine	Pièce d'eaux.
Sentinelle	Mise en garde.
Séparation	Rupture d'attelage.
Sépia	Encre marine.
Sept	Fin de réception.
Septentrion	Ancien point d'aiguille.
Séquence	Faite en série.
Sequin	Une belle pièce qui se passait à Venise.
Sérac	Vague de froid.
Serein	Frais à éviter.
Serf	Vilain pauvre.
	Damné de la terre.

Sergent	Militaire chevronné.
Sergent de ville	Vieille vache.
Sergent-major	Militaire et homme de plume.
Série	Noire de sang.
Sérieusement	Hors-jeu.
Serin	Chanteur encagé.
	Maître chanteur derrière les barreaux.
Sermon	Leçon de morale.
	Diffusé par haut parleur.
Sermonne	Chapitre.
Serpentaire	Secrétaire habitué à avaler des couleuvres.
Serpent de mer	Marronnier dans l'eau.
Serpillière	Loque à terre.
	Étoffe à carreaux.
Serre	Garde les pieds au chaud.
Serrement	Prise de contact.
Serrements	Corvées de paluches.
	Poignées de pinces.
Serrer	Augmenter la pression.
Serrure	Ouvrage à clés.
	Instrument d'optique.
Serti	Monté sur une marquise.
Sertir	Travailler sur la rivière.
Sertissure	Griffe de chaton.
Serveur	Passe-plats.
Serveuse	Dessert au restaurant.

Service	Fait partie de l'assistance.
Servir	Passer à table.
Serviteurs	Des qu'on sonne.
Sésame	Laissez-passer.
Set	Dessus de table.
Seuil	Entrée ou pas.
	Pas de cancans.
Sève	Régal des gourmands.
Sévices	Traitements de défaveur.
Sex-appeal	Sauce piquante.
Sexe	Trait d'union.
Sexes	Points de rencontre.
Sfumato	Vapeur d'huiles.
Shake-hand	Entente cordiale.
Shako	Perchoir de casoar.
Shérif	Star des westerns.
Shoot	Coup de pied dans les parties.
	Coup de pompe.
Shopping	Courses à pied.
Short	Court sur le court.
Show-business	Affaires de courants d'airs.
Si	Utopiste.
Sialagogue	On en bave avec lui.
Sic	Fin de citation.
Sicaire	Arrosé pour refroidir.
Siècle	Même celui des lumières n'avait pas plus de vingt lustres.

Siècles Centenaires légendaires.

Siège Investissement à long terme.
Place de derrière.

Sieste Somme en acompte.
Une pause dans la vie de César.

Sigma Grecque sourde.
Oreste pouvait l'entendre siffler.

Signalisation Code de la route.

Signe Moyen de communication.

Signets Rubans de pages.

Silence De l'or que l'on peut imposer.

Silences Passages des anges.

Silhouette Fait le tour du sujet.

Silice Fondue dans un verre.

Sillage Suite de bâtiments.

Sillon Micro pour l'enregistrement.
Rayon de la culture.

Simili Fausse identité.

Similor Imitation brillante.

Simoun Grain de sable.

Simulant Feignant.

Sinapisme Cuit avec de la moutarde.

Sincérité Donne de la valeur au franc.

Singe Bœuf ou gorille.

Singeries Spectacles offerts par des capucins.

Singularités Signes particuliers.

Sinologie Chinoiseries.

Sinuer	Sortir du droit chemin.
Sirène	Voix d'eau.
	Mi-chair mi-poisson.
Sirocco	Chauffeur dans le vent.
Sisal	Mexicain de sac et de corde.
Site	Objectif de l'objectif.
	Emplacement à louer.
	Point de vue à respecter.
Sit-in	La force de l'inertie.
	Défense passive.
Ski-bob	Petite reine des neiges.
Skieur	A choisi la mer ou la montagne.
Skinhead	Loulou à poils ras
Sleeping	Plume dans le train.
	Pieu de chemin de fer.
	Chambre pour voyageur.
Slip	Dessous ou sur le derrière.
Slow	Pas pour couples pressés.
Smicard	Ne touche guère.
Smog	Purée de pois pour le Rosbif.
	Anglais très dissimulateur.
Smoking	Complet en soirée.
Smorrebrod	Canapé de style scandinave.
Snob	S'accroche à la locomotive.
Sobriété	Retenue devant le bar.
	Économie en liquide.
Soc	Sillonne la campagne.

Sœur	Fille mère.
Soin	À prendre avec précaution.
Solarium	Établissement de bains.
Soleil	Roi de France.
	Éclairage gratuit.
Solen	Couteau à coquillages.
	Couteau sans lame.
Solennel	A reçu un coup de pompe.
Soli	Tous pour un !
	Exécutés l'un après l'autre.
Soliste	Simple exécutant.
Solutions	Clés en main.
Somme	Grand ensemble.
Sommeil	Dîner-spectacle.
	Repas gratuit.
	Dîner au lit.
Sommelier	Souvent entre deux vins.
Somnifère	Complice de Morphée.
Somnoler	Dîner légèrement.
Son	Fils d'Albion.
Sondage	Langage chiffré.
Sonneur	Se tape la cloche.
Sono	Fait gonfler le son.
	La voie des airs.
	Propulse de l'air.
Sorbonnard	Figure de haute école.
Sort	Ironiste.

	La condition humaine.
	Décide du tirage.
Sortilège	Le charme des vieilles légendes.
Sosie	Fausse identité.
Sottise	Boulette de dinde.
	Domaine vaste mais borné.
Sou	Ancienne base de l'économie française.
	Petite pièce pour quatuor d'opéra.
	Compte pour un radin.
Soubrette	Bonne pour la comédie.
Souche	Bois dormant.
	Pied ou talon.
Souder	Jouer du chalumeau.
Soudoyer	Acheter à vil prix.
Souffleur	Acteur de complément.
Souhaits	Vœux prononcés.
Soûlerie	Partie avec des ronds.
Souliers	Pompes en état de marche.
Soupe	Crachoir déconseillé.
	Anglaise franco-italienne.
Soupente	Réduit en haut.
Soupir	Noire silencieuse.
	Le dernier à se rendre.
Soupirant	Homme de cœur.
Source	Tête de lit.
Sourcilleux	Souvent à cheval mais pas cavalier.
Sourd	L'homme à l'oreille cassée.

Souris	Fille de la montagne.
Sous	Quatuor pour l'opéra.
Sous-alimentation	Faim de non-recevoir.
Sous-officier	Huile à sardines.
Soustraction	Procède par déduction.
Souterrain	Passage obscur.
Souvenir	Passé en tête.
Souveraine	Maîtresse exigeante.
Spain	Hispano-américain.
Sparadrap	Colle à la peau.
Spasme	Truc tordant.
Spécimen	Doit donner le bon exemple.
Spectacle	Pièce montée.
Spectateur	Un type de l'assistance.
Spécule	Place pour jouer.
Speech	Servi avec un toast.
Sphinx	Maître des colles.
Spider	Siège roulant.
Spirituel	Trouve facilement ses mots.
Spleen	Ancêtre du blues.
Spleenétique	Baudelairien.
Spontané	Nul en calcul.
Sport	Exercice de physique.
Spot	Réclame des chaînes.
Sprat	Tout petit gendarme.
Sprint	Se pique en vitesse.
Sprinteur	Spécialiste de l'emballage.

Square	Carré vert.
Squatter	Franc-tireur de l'occupation.
Stade	Tout d'abord étendue avant de se retrouver enceinte.
Stage	Cours complémentaire.
Stakhanoviste	Grand travailleur à la retraite (de Russie).
Stalactite	Tombe dur.
Stalag	Camp adverse.
Stalle	Loge à cheval.
Stand	Place du commerce.
	Halte de chalands.
Standing	Classe de français.
Star	La femme à Oscar.
	Belle étoile.
Starlette	Décoration de cinéma.
Starting-gates	Portes cavalières.
Stationnement	Attire les papillons.
	Occupation dans un parc.
	Auto-stop.
Stationner	Faire du surplace.
Stations	Arrêts de rigueur.
Station thermale	Fait des ronds dans l'eau.
Statisticien	Compte souvent sur nous.
Stéarine	Corps qui s'enflamme.
	Fait brûler un cierge.
Stéatopyge	Généreuse... postérieurement.
Stèle	Aide-mémoire.

	Mise au tombeau.
	Souvenir durable.
Stendhalien	D'ego et des couleurs, peut toujours disputer.
Sténo	Signes particuliers.
	Langue écrite.
Sténotypie	Écriture automatique.
Stère	Coupe réglée.
Stéréophonie	Le relief des chaînes.
Stéréotype	Cliché très net.
Stérile	Tintin pour la postérité.
	Ni producteur, ni reproducteur.
	Est sans portée.
Sternum	Derrière la cravate.
Steward	Garçon de compagnie.
Stick	Équipe volante.
Stigmates	Signes de croix.
Stimulant	Remonte-pente.
Stimulation	Coup de fouet.
Stipendier	Acheter à vil prix.
Stoïcisme	Arme de la résistance.
Stolon	Se déplace mais prend racine.
Stomoxe	Livre le charbon.
Stop	Brûlé sans arrêt.
	Rouge autoritaire.
Stoppés	Sont aux arrêts de rigueur.
Strapontin	Annexe du siège principal.

Stratégie	Calcul mental.
Stratification	Est en couche.
Stress	Ondes de choc.
Strict	Est à cheval.
String	Un minimum de plage.
Strip-tease	Grand déballage.
	Dépouillement programmé.
	Numéro de vestiaire.
Stuc	Pâte à pâtisseries
Studio	Est tout d'une pièce.
Studios	Pièces adaptées à la radio ou au cinéma.
Style	La facture du peintre.
Suborneur	Il tombe sans élégance.
Subvention	Don pour le théâtre.
Succès	Le tabac du cabot.
	Tabac pour la troupe.
Succession	Bien repassé.
Sucrier	Réserve de canards.
Sue	Haut commandement.
Suée	Élimination d'un sportif.
Suées	Effets de sport.
Suer	Se mouiller plus ou moins.
Sueur	Le prix du pain.
	Arrive sur le front.
	Obtenue par un travail acharné.
	Arrive en courant.

Suicide	Terme choisi.
Suie	Plaque de cheminée.
	Poudre noire.
	Poudre à gratter.
Suif	Querelle de chercheurs.
Suisse	Étranger au Vatican.
Suite	Train de luxe.
	Partie remise.
Sujet	Homme d'État.
Sulfure	Donne les boules.
Sun	Râ d'Amérique.
Sup	Normale pour certains.
Superproduction	Bande argentée.
Supplétif	Du rab dans l'armée.
Surdité	L'infortune du pot.
	On a bien du mal à s'entendre avec elle.
Surélévation	Action en hausse.
Surenchérisseur	Partisan de la relance.
Surf	Fait monter sur les planches.
Surfer	Jouer à saute-mouton.
Surgeons	Grands gourmands.
Surin	Force de frappe.
Surréaliste	Lit Breton.
	Breton, manifestement.
Sursaut	Mouvement de réveil.
Sursis	Remise au tribunal.

Suspicion Manque de crédit.
Cause de renvoi.

Suture Lèvres cousues.

Sveltesse Caractère qui va à la ligne.

S.V.P. Signes de politesse.

Sylphide Hôtesse de l'air.

Symbole Haute définition.

Symposium Grand séminaire.

T

Tabatière Petit jour.
Jour ouvrable.

Table Ses dessous sont douteux.

Tabletier Son boulot est en jeu.

Tablier Rideau de fer.

Tachyarythmie Les intermittences du cœur.

Tacot Tire… à sa fin.

Tact Adresse urbaine.

Tag Action painting.
Peinture gestuelle.
Décoration murale.

Taguer Repeindre les murs.

Tagueur Peintre en bâtiment.

Taie Petit écran.
Sac de couchage.

Taïga	Bois à la russe.
	Bord de plat en bois.
Taille-crayon	Travailleur de la mine.
Tain	Couche de glace.
	Sous-verre.
Taire	Refuser une communication.
	Préférer l'or à l'argent.
Talent	Ne doit pas se forcer.
	Grande capacité.
Talisman	Préservatif.
	Assurance tous risques.
Talure	Un coup en pleine poire.
Talweg	Le lit dans la vallée.
Tambour	La caisse du régiment.
	Caisse de roulement.
Tambour-major	A eu une fille avec Offenbach.
Tamis	Chinois de grande taille.
Tampon	Ordonnance ou cachet.
Tam-tam	Caisse noire.
Tandem	Clou double.
	Accouplement de sportifs.
	Petite reine siamoise.
	Association de cyclotouristes.
Tango	Variété d'orange.
	Gardel-partie.
Tansad	Annexe du siège principal.
Tantinet	Brin.

Tapant	Pile.
Tape	Petit pain.
Taper	Arracher de l'oseille.
Tapette	Langue vivante.
Tapis	Le dessous des cartes.
Tapisserie	Situation d'attente.
	Défaut de cavalier.
Tapissier	Pas avare de sa semence.
Taquiner	Pêcher le goujon ?
Tarare	Renvoie la balle.
Taratata	Cause toujours !
Tard	Mieux que jamais.
Tare	Entre deux poids.
Taré	Déshérité par sa famille.
Tarification	Mise à prix.
Tarin	Nez de père inconnu.
Tarmac	Aéro-station.
Tarots	Paquets de lames.
	Cartes de Marseille.
Tartarinades	Tarasconneries.
Tarte	Coup de main.
Tas	Réunion informelle.
Tassement	Travail de dame.
Tatami	Tapis jaune.
Tatanes	Étuis à pinceaux.
Tâté	Très touché.
Tâter	Faire un essai.

Tatillonne	Portée sur la bagatelle.
Tatouer	Piquer des dessins.
Tatoueur	Dessinateur sur tissus.
Tau	Tête de lard en prison.
Taule	Maison close.
Taure	Vachement jeune.
Taureau	Fonce ou passe au rouge.
Tavelures	Taches de mûres.
Tavernier	Restaurateur de maison ancienne.
Taxi	Voiture de courses.
	Roule pour vous.
Taxiarque	Chef de corps d'infanterie bien trop vieux pour conduire ses troupes sur la Marne en 1914.
Taxi-girl	Entraîneuse sur piste.
Tea	Parfois nuageux outre-Manche.
Technicolor	Rehausse le ton naturel.
Tee	Soutien logistique dans le golf.
Tégument	Couverture en fourrure.
Teint	A des fonds placés dans la parfumerie.
	A un fond dissimulateur.
	A un fond de coquetterie.
Teinter	Donner le ton.
Tel	Donne l'exemple.
Télé	Imagerie populaire.
	L'opium du peuple.
Téléga	Char russe.
Télépathie	Communication sans fil.

Téléspectateur	Homme enchaîné.
Téléviseur	Obéit au doigt mais pas à l'œil.
Télévision	Drogue douce.
	Captive avec ses chaînes.
Témérité	Assurance sans garantie.
Témoin	Spectateur bien placé.
Tempérament	Crédit accordé.
Température	Prise à des gens pas bien.
Tempête	Un moment de dépression.
Temps (perdu)	Bon sujet de recherche littéraire.
Tenailles	Travaillent à l'arraché.
Tender	Ancien auxiliaire de la S.N.C.F.
Ténia	Solitaire au milieu des hommes.
	Nous laisse toujours sur notre faim.
Ténor	Alfredo mais pas Armand.
	S'exprime à voix haute.
Ténorino	A l'air plutôt doux.
Tension	Risque de rupture.
Tentacules	Bras de mer.
Tentation	Entraînement.
Tente	Boudoir d'Achille.
Tenue de soirée	Costume de théâtre.
Ter	Bis bis.
Téra	Fait beaucoup grossir.
Terminer	Faire une fin.
Terminologie	Jeu de mots.
Terminus	Extinction de voie.

Terni	Maté.
Ternir	Éteindre les feux.
Terra incognita	Avait carte blanche.
Terramare	Terre à terre.
Terrasse	Pousse-café.
Terrassier	Bouche-trou.
Terril	Montagne noire.
	Bosse à la mine.
Terroir	Le pays du goût.
Tertre	Sa place est à Montmartre.
Tessère	Bon vieux.
Tessiture	Registre pour les timbres.
	Écart de voix.
Tesson	Pas beaucoup de pot.
Tessons	Le vase brisé.
Test	Essai de voie.
Testament	La postérité jugera de son intérêt.
	Lignes de feu.
Testée	Mise en examen.
Tête-à-tête	Prélude au corps à corps.
	Duo.
Tête-bêche	D'un côté et de l'autre.
Tête-de-loup	Coiffée en brosse.
Tétée	Coup pris à la gorge.
	Prise de boisson.
Téton	Outre-mère.
Tétons	Attractions avant.

Teuf-teuf	Clou de collection.
Thalassothérapie	Étonnez-vous après ça que la note soit salée.
Thé	Ses nuages sont signe d'adoucissement.
Théogonie	Grands dieux, quelle histoire !
Théoricien	Type à principes.
Thermes	Pièces d'eaux.
	Bains de foule.
Thermidor	Révolutionnaire en cuisine ?
	Sale temps pour les homards.
Thésard	Souteneur.
Thésaurisé	Épargné par les rats.
Thèse	Sujet de roman.
	Travail soutenu.
Thuriféraire	Valet de cour.
Tic	Est automatique et à répétition.
Tiède	Pas emballé.
Tienne	La santé d'Étienne.
Tiens	Bon donné.
Tiercé	Ordre donné.
Tiers **(provisionnel)**	L'éternel retour.
Tif	Pas mèche.
	Ne mérite pas la coupe.
Tifosi	Mordus et souvent enragés.
Tigette	Dure de la feuille.
Tignasse	Tifs rétifs.
Tilleul	Vert à boire.

Tilt	Arrêt de jeu.
Timbale	Décrochez-moi ça !
Timbre-poste	Affranchit les poulets.
	Papier collant.
	Taxe sur le poulet.
Time	Argent américain.
Timide	Circule sans assurance.
Timon	Flèche de bois.
Timoré	Le passif de l'entreprise.
Tin	Dans le berceau d'une future vedette.
Tintouin	Tracas ou fracas.
Tipi	Tente d'Amérique.
Tir	C'est toujours au moment de le régler que la hausse intervient.
	Nourri avec des pruneaux.
	Feu de position.
Tirade	Les vers du nez.
Tirage	Choix hasardeux.
Tirasse	Filet de sol.
Tire-bouchon	Déflore les fillettes.
Tire-laine	Finissait par faire sa pelote ?
	Devait avoir maille à partir avec la police de son temps.
Tirelire	Ramasse-miettes en argent.
	Machin à sous.
Tirer	Jouer avec le feu.
Tiret	Recolle les mots cassés.
	Sépare ou rapproche.

Tireur	Producteur d'émission.
Tiroir	Place des fonds.
	Conservateur de fonds littéraires.
Tiroir-caisse	Protecteur des fonds de commerce.
Tituber	Sortir du droit chemin.
Titulaire	Fidèle au poste.
Toast	Verres solidaires.
	Incitation à la consommation.
	Porté sur le pot.
To be or not to be	Question de vie ou de mort.
Toc	Matériel d'illusionniste.
Toge	Linge de corps.
Toile	Peinte ou cirée.
Toilette	Coiffeuse à domicile.
Tôle	Dure de la feuille.
Tolérance	Est sans défense.
Tôlier	Travaille à la caisse.
Tollé	Général des protestants.
Tomate	Arme de jet.
Tomates	Repoussent sur les planches.
Tom-pouce	Petit pépin.
Ton	La moitié de mon oncle.
	Accent grave ou aigu.
Tondu	Petit en général.
Tonneaux	Des queues et des pipes.
Tonsure	Peau lisse dégarnie.
Top	Toujours ponctuel.

Toper	Faire le marché.
Topographe	Dessinateur de jeux de cartes.
Toquante	Boîte à aiguilles.
Toque	Couvre-chef de chef.
Toréador	Fait ses courses en chantant.
	Regardé d'un œil noir.
Toréer	Faire des passes dans l'après-midi.
Torero	Homme d'épée.
Torgnole	Claque en tournée.
Toro	Grande vedette espagnole.
Torpeur	Effet de rasoir.
Torréfaction	Grillage.
Torrent	Cours accéléré.
Tort	Appartient à un absent.
Tortillard	Dur de la campagne.
Torts	Causes de divorce.
Totalitarisme	Régime difficile à suivre.
Totalité	Réunion plénière.
Totem	Animal domestique.
	Bête au pied d'un arbre.
Totémisme	Rapproche l'homme de l'animal.
Toto	Beaucoup trop familier avec les enfants.
Toubib	Homme de l'art populaire.
Touches	Tire-lignes.
Tourbillonnant	A l'air très au courant.
Touriste	Pigeon voyageur.
Tournée	Sifflée ou virée.
	Mouvement de troupe.

Tournevis	Fait avancer au pas.
Tournoi	Show de lances.
	Assaut de courtoisie.
Tourtereaux	Amoureux pigeonnés.
Tous	N'épargne personne.
Tout-à-l'égout	Vidangeur.
Toutou	Suiveur.
Trac	Handicap au jeu.
	Jetons sur la scène.
	Coupe-jarret.
Tracas	Soucis dans les pensées.
Trace	Marque déposée.
Traces	Foulées ou brisées.
Tradescantia	C'est la misère.
Traditionaliste	Restaurateur d'église ancienne.
Trafic	Effet de commerce.
Traîne	Queue basse.
Traire	Tirer le meilleur du pis.
Traiteur	Fabricant de buffets et de canapés.
	Restaurateur de salons.
Trame	Machine.
Trampoline	Sujet à rebondissement.
Tranche	Profil de médaille.
Tranche-montagne	Fier-à-bras drôlement musclé.
Transfiguration	Un sacré changement.
Transgresseur	Sauteur et même violeur.
Transhumance	Changement d'occupation.

Transistor	Receveur des postes.
Transition	Entre-deux.
Transpercer	Entrer et sortir.
Trappe	Maison close ou lieu de passage.
Trapu	Ramassé dans les formes.
Travail	Occupation d'usine.
Travailleur	Homme de métier.
Travée	Rangée de pieux.
Traversin	Met le sous-chef au repos.
Travestissement	Numéro de vestiaire.
Trélongages	Fils de marins.
Trémie	Grain de sel.
Trémière	Le nom de la rose.
Trémolo	Déraillement sur la voix.
Tremplin	Fait la planche dans la piscine.
Trente	Fin novembre.
Trépas	Passage à sens unique.
Trépignements	Pas très marqués.
Trésor	Bien planqué.
	Réunion très enrichissante.
Trésor public	Coureur de fonds.
Trésors	Fonds des mers.
Tresses	Rasta-couettes.
Trêve	Spécialité de confiseurs.
	Coupe-feu.
	Le repos du guerrier.

Tri	Classement général.
	Service d'ordre.
Triangle	Figure boulevardière.
	Figure pointue.
Triathlon	Association sportive.
Tribu	Famille d'adoption.
Tribune	Au-dessus de la mêlée.
Tricard	Ne possède pas de pièce de séjour.
Tricher	Jouer faux.
Triclinium	Chambre à manger ou salle à coucher.
Tricolore	Oui pour Rimbaud.
Trier	Faire le bon choix.
Triez	Ordre de classement.
Trilles	Battements dans l'air.
Trilogie	Pièces en enfilade.
Trimard	Voie libre.
Trinité	Sainte alliance.
Trinitrotoluène	Pulvérisateur.
Trio	Couple moderne.
Triomphe	Tabac prisé.
Tripes	Des boyaux en 14.
Triporteur	Voiture de courses.
Tripot	Boîte de jeux.
Trique	Règle de correction.
Tristesse	Morne peine.
Triton	Mi-chair mi-poisson.
Troc	Marché parallèle.

Troènes	Convention de la haie.
Trogne	Bille rouge.
Trognon	Cœur mis à nu.
Trombe	Chute d'eau.
Tromblon	Cornet de balles.
Trompe	Blouse.
Trompe-la-mort	Sursitaire.
Trompeteur	Joue dans la joue.
Trompette	Interprète de renom.
Tronc	Exposé à la mitraille.
	Boîte d'argent.
Trône	Siège éjectable.
Trop	Va dans l'au-delà.
Trope	Figure masquée.
Trophée	Coupe ou massacre.
Tropique	Ligne de démarcation.
Trot	Train pour Vincennes.
Trotte	Chemin pour piétons.
	Longue marche.
Trou	Partie de golf.
	Toujours très entouré.
	Est en manque.
	Passage à vide.
	Absence prolongée.
Troubadour	Chanteur de charme.
Trouille	Jetons.

Trousseau	Propriété du parti.
	Réunion d'affaires.
Trous-trous	Des jours qui se suivent et se ressemblent.
Trouvère	Chanteur d'opéra italien mais d'origine espagnole.
Trufficulture	À la poursuite du diamant noir.
Tsé-tsé	Mouche moche.
Tsouin-tsouin	Parole et musique.
Tsunami	Balayeur japonais.
	Péril jaune.
Tu	Bissé à l'Opéra.
Tub	Bain debout.
Tubard	Homme des cavernes.
Tube	Air triomphant.
	Scie à tabac.
	Où le rouge est mis.
Tudesque	Deutsche marque
Tulipe	Fleur de verre.
Tulle	Gaze de ville.
Tuméfaction	Suite de coups durs.
Tumulus	Terre de feu.
	Bosse dans les pompes funèbres.
Turban	Pour un chef kurde.
Turc	L'homme fort des Balkans.
Turlurettes	Flageolets pour accompagner le mouton.
Turpide	A un intérieur plutôt moche.

Tutelle	Couverture protectrice.
	Protection rapprochée.
	Direction assistée.
Tuteur	Bâton de jeunesse.
Tutu	Bouffe bien.
	Gaze des rats.
T.V.A.	Lourde comme impôt.
Twist	Aurait pu faire tourner Olivier.
Type	Représentant ou gazier.
Typhon	Rage de vent.
Tyran	Tête dure.
Tyrolienne	L'air de la montagne.

U

Ubacs	Côtes du nord.
Ubiquiste	On le rencontre partout.
Ubiquité	Le rêve du m'as-tu-vu.
Ubuesque	Royalement grotesque.
Uléma	Docteur de la loi, pas médecin légiste.
U.L.M.	Un minimum de zinc.
	Hybride du coucou.
Ulmaire	Fleur royale.
Ultima ratio regum	Devise forte sous Louis XIV.
Ultra	Entraîne dans l'au-delà.
Ultramarin	Bleu en littérature.

Un	Ni pair ni paire.
	Hors paire.
Uniformes	Effets spéciaux.
Uniformisation	Recherche d'identité.
Unilatéral	N'a pas que des bons côtés.
Union	Coup de force.
	Mariage ou liaison.
	Pari mutuel.
Unioniste	Ne suit pas la partition.
Unisson	Bon chœur.
	Grand ensemble.
Unité	Brique en argent.
	Partie du corps.
	Inspira un trio classique.
Upas	Gomme à effacer.
Uppercut	Coup tordu.
	Crochet pour étendre.
	Sonneur de cloches.
Uranoplastie	Restauration au palais.
Urbaniste	Homme de la ville.
Urbi et orbi	Champ de diffusion.
Ure	Bison buté.
	Ascendant taureau.
Urgentiste	Médecin de la presse.
Urinal	Pistolet à eau.
Urine	Du liquide qui fait envie.
Urinoir	Vase communicant.

Urne	Pot de chagrin.
	Permet de mettre le feu n'importe où.
	Voie des voix.
	Boîte à surprises.
	Se remplit d'espérance ou n'inspire plus que des regrets.
	Melting pot.
	Boîte de conserve.
	Sortie pour faire un tour.
Ursulines	Des sœurs qui ont un studio à Paris.
Urticaire	Supplément pour les fraises.
Us	Mœurs particulières.
	Affaires sociales.
Usager	Homo metrobus.
	Est dans le domaine public.
Usages	Connaissance du monde.
User	Faire du râpé.
Usine	Maison ouvrière.
	Maison de productions.
Ustensile	Une cocotte pour le coq.
	Simple appareil.
Ustilaginales	Productrices de charbon.
Usure	Effort de guerre.
	Enrichit ou appauvrit.
	Diminution de service.
	Haut taux mobile.
	Un risque pour l'emploi.

Usurier	Banquier du secteur privé.
Usurpateur	Personne déplacée.
	S'est imposé à la meilleure place.
Usurpation	Prise de position.
Utilisatrice	Créatrice d'emplois.
Utopie	Rêve éveillé.
	Plan de château en Espagne.
Utopiste	Constructeur de mirages.

V

Vacancier	Chômeur de courte durée.
Vaccinothérapie	Traits de plume.
Vacherin	Fromage ou dessert.
Vade-mecum	Livre de poche.
Vadrouilleur	Homme traîneur.
Vae victis	Ajouté au poids de la balance romaine.
Vaguemestre	Militaire en poste.
Vair	Fourrure de mule.
	Pantouflard.
	Petit-gris au menu.
Vaisseau	Le fantôme de l'opéra.
Valise	Facilite le transfert des effets au porteur.
Vamper	Tomber comme au cinéma.
Vampire	A besoin de veine pour subsister.
Vampiriser	Prendre un coup de sang.
Vanité	Tout.

Vanner	Relancer la balle.
Vantard	Se loue au-dessus de sa valeur réelle.
Va-nu-pieds	Même pas un traîne-savates.
Vape	Brume de cerveau.
Vapeur	Force de l'eau.
Vaporisateur	Distributeur d'essence.
Vareuse	Surtout dans la marine.
Varice	Veine excessive.
Varie	Fait divers.
Varlope	Permet de planer.
Vase	Pot aux roses.
Vaseux	A dû toucher des fonds.
Vasistas	Porte à porte.
	Jour de faîte.
Vaurien	N'est bon qu'à prendre la mer.
Veau	Sera peut-être vache mais il a une bonne tête.
Vécu	Somme du temps passé.
Vedettariat	Place de l'étoile.
Végétarien	Gastronome en herbe.
	A renoncé aux plaisirs de la chair.
Végéter	Faire le poireau ?
Veilleuse	Économise les bouts de chandelle.
Vélo	Compagnon du Tour de France.
Velours	Peau de loup.
Velouté	A pris quelque chose à la pêche.
Vélum	Le drap du dessus.
	A de l'étoffe comme protecteur.

Vénal	Est à vendre mais pas à louer.
Vénalité	Facilité d'achat.
Vendetta	Plat froid mais corsé.
Vendu	Ancien collaborateur.
Vénéré	Objet de culte.
Venette	Jetons anciens.
Vengeance	Réparation coûteuse.
	Dure revanche.
Venger	Laver à froid.
Venin	Mal de dent.
Venir	Répondre à l'appel.
Vénitien	Beau blond.
Vent	Mode contemporaine.
	Air déplacé.
	Transporteur de grains.
Ventouses	Des petits verres qui font du bien.
	Verres de contact.
Ventre	Bidon à remplir.
Ventriloque	Virtuose du double langage.
	Homme de dialogue.
Vents	Devraient sentir la rose.
Vénusté	Beauté divine.
Ver	Nudiste intégral.
	Habitant de la terre.
	Enterré vivant.
	Mangeur de feu.
Ver (de terre)	Amoureux d'une étoile de théâtre.

Véranda	Galerie des glaces.
Verbaliser	Dresser des papillons.
Verbiage	Abus de langage.
Verbigération	Mauvaise langue.
Verdeur	Jeunesse des vieux.
Vériste	Artiste du cru.
Vérité	Nudiste solitaire.
	Sous-produit du vin.
Vernis	Rubis sur l'ongle.
	Ont du pot s'il n'est pas protecteur.
Vernissage	Première en peinture.
Véronique	Passe dans l'après-midi.
Verre	Indispensable pour le canon.
Verre ballon	Pour le vin d'Alsace ?
Verrou	Agent de la sécurité.
Verrue	Fait le poireau.
Vers	Lignes régulières.
Versification	Mise à pieds.
Version	Exposition personnelle.
Vers-libriste	Ne travaille pas sur les lignes régulières.
Verso	S'étend sur le dos.
Vert	Couleur de feu.
Vertèbres	Os à moelle.
Vertu	Qualité supérieure.
Vertugadin	Faux cul.
	Tournure ancienne.
Vésicant	Donne des ampoules.

Vésicule	Base de calcul.
Vesse	Coup de vent.
Vessie	Partie de ballon.
Vestale	Ne devait pas avoir le feu aux fesses.
Vestiaire	Cabinet d'affaires.
Vestibule	Dessert après l'entrée.
Veto	Repousse rapidement.
Véto	Panse-bête.
Veuvage	Remise en liberté.
Vexation	Contusion interne.
Viager	Bien payé d'avance.
Viande	Château bleu ou baron rouge.
Vice-président	Tête de rechange.
Vidanger	Vider les lieux.
Vide	Lourde.
Videur	Sort d'une boîte.
Vie	Don de la mère.
Vieillissement	C'est de l'usure.
Vigilant	A l'œil.
Vilenie	Coup bas.
Villa	Révolutionnaire au Mexique mais plutôt bourgeoise en France.
Villanelle	L'air de la campagne.
Ville champignon	Ne saurait désigner Hiroshima.
Vinaigre	Sa mère a eu sur lui une influence déterminante.
	Se fait en vitesse.
Vino	Contient une part de vérité.

Vintage	Date de naissance.
Violon	Pièce policière.
	Cage pour les poulets.
Virage	Accident de la route.
	Dangereux pour les déportés.
Virago	Femme-gendarme.
Virgule	Mise au point par écrit.
Vis	Moyen de pression.
Visière	Avancée sur le front.
Visite	Activité touristique.
Vitamine	A une lettre pour le médecin.
Viticulteur	Homme du cru.
Vitrail	En verre du décor.
Vitrine	Sous-verre.
	Glace à lécher.
Vitriol	Grand rongeur.
Vivant	Point mort.
Vivarium	Ménagerie de verre.
Vivat	Parole d'honneur.
Vlan	Gros paf !
Vociférateur	Puissant haut parleur.
Vœux	Meilleurs au début de l'année.
Voici	Présentation correcte.
Voilette	Filtre à air.
	Masque à gaze.
Voir	Embrasser à l'œil.
Vol	Main basse.
	Changement de propriétaire.

Volée	Piquée ou tannée.
Voler	Faucher du blé.
	Prendre l'air ou autre chose.
Volet	Centre de triage.
Volontaire	Une personne qui s'offre.
Voltairien	Anticlérical mais pas primaire.
Volte	Tour de manège.
Vote	Choix des élus.
	Mise en boîte.
Voter	Placer sa voix.
Vouivre	Serpent d'amour.
Vue	Peut s'accommoder avec des lentilles.
	Sens de l'observation.
Vulgarisation	Baisse de niveau.

W

Wagnérien	Fan d'Elsa.
Wagon-restaurant	Tables roulantes.
Was	La question allemande.
Water	Flotte anglaise.
Water-polo	Jeu d'eau.
Waterproof	Ne craint pas la flotte anglaise.
Wigwam	Hutte des Utes.

X

Xénélasie	Ne chasse pas le naturel.
Xénophilie	Ouverture à l'étranger.
Xénophobie	Frontière artificielle.
Xérès	Blanc d'Espagne.
Xi	Gréco-romains.
Ximenia	Productrice de fruits de mer.
Xylographe	Homme des bois.

Y

Yakusa	Bandes jaunes.
Y-a-qu'à	Réponse à tout.
	Moyen de parvenir.
Yard	Mesure prise par la police anglaise.
Yeoman	Garde à you !
Yes	Gentleman-agrément.
Yeti	Marronnier du Népal.
Yéyé	Idolâtre.
Yogi	Continent indien.
Ypérite	Gaz de ville et de campagne.

Z

Zèbre	Rayé de l'inventaire de Noé.
Zèle	Accélérateur.

Zeppelin	Vedette du ballon ovale.
Zéro	Au plus bas quand il se pointe.
Zest	Un des côtés de la balance.
Zézaiement	Fausse le je.
Zodiaque	Signes particuliers.
Zoo	Jungle des villes.
	Exposition de fauves.
	Faunothèque.
Zoomorphisme	Donne l'air bête.

Pages Roses

A

Amant Plus de la moitié.

Membre suppléant.

Saint en poésie mais sûrement pas ailleurs.

Amants Usagers des transports.

Anaphrodisiaque Rabat-joie.

Andropause Arrêt des émissions.

Anus Trou du souffleur.

Aphrodisiaque Dope pour sauteur.

Dépanneur dans les transports.

B

Bisexuel Double mixte.

C

Call-girl Amorce pour pêcheur à la ligne.

Liaison téléphonique.

Une fille branchée.

Castrat	Timbre rare du Vatican.
Castration	L'enlèvement au sérail.
Ceinture de chasteté	Sa clé ne fait plus partie du trousseau.
	Piège à con.
Chabanais-One-two-two	Une paire de claques.
Chasteté	Ceinture avec la ceinture.
	Manque de relations.
Clandé	Maison d'intolérance.
	Maison close entrouverte.
	Abri pour les poules.
Cocotte	Poule ou cheval.
Cocuage	État jaune.
Cœur	Dortoir de cochon.
Coi	Coït interrompu.
Concubine	Moitié approximative.
	Femme de ménage non déclarée.
Concupiscent	Continent perdu.
Copuler	Établir des rapports.
Coucherie	Commerce de lit.
Couille	Coquille de coquille.
Coup	Mieux vaut le tirer que le recevoir.
Cuissage	Licence en droit.
Cul	Figure de poupe.
	Siège dans la salle de bains.
	Nom d'un pétard.

D

Débandade Mauvais départ.

Défloration Entrée tête la première.

Déniaiser Dessaler des cornichons.

Détumescence Débandade.

E

Échangistes Des souris et des hommes.

Effeuillage Sexhibition.

Effeuilleuse Se découvre peu à peu.

Égrillarde Gauloise allumée.

Éjaculateur Sa précocité n'est pas appréciée.

Embrasseur A souvent envie de baiser.

Enfilée Donnée au chas.

Entôlage Vol de grues.
Plumage de pigeon.

Entuber Posséder et déposséder.

Érection Séance de dressage.

Érotisme Piment salé.
Le rayon X au cinéma.
Ce qu'il y a de meilleur dans le cochon.
Cochon d'intellectuel !

Érotomane Sauteur disqualifié.
Fou d'amour.
Fourre-tout.

Eunuque Fidèle castré.

Nourri dans le sérail mais n'y a pas de relations.

A perdu toutes les parties.

Corps sans vit.

Exhibitionniste Vedette de one man chaud.

Extase Plus grande que le pied.

F

Fécondateur Couvreur.

Femelle Couverte par temps chaud.

Fessée Coups de main sur l'arrière.

Correction de sans-culotte.

Fiasco Débandade.

Filles Employées de maison.

Flagellant Père fouettard.

Fout Fait vulgaire.

G

Garçonne Bisexuelle ?

Gay Nouvel homo.

Gland Partie de pénis.

Grue Débauche ou élève bien.

Femelle du maquereau.

Poule commune.

H

Harem Réserve féminine.

Association de femmes de chambre.

Hermaphrodite Double mixte.

Hétéro Ça ne l'empêche pas d'être un homo... sapiens.

Hymen Relique de la Vierge.

Barrage provisoire.

I

Insémination Recherche de paternité.

Inséminer Travailler dans le prêt-à-porter.

J

Julot Mec ou mac.

K

Kama Sutra Nourriture de cochons d'Inde.

Kiss Baiser des Anglaises.

Krach Mauvais coup dans les bourses.

L

Lesbienne	Donne sa langue au chat.
Lupanar	Maison de rapports.
	Claque.

M

Madrigal	Se troussait devant les dames.
Main	On la baise sur le dos.
Maison close	Cage à poules.
Maquereau	Mâle de la poule.
Maquerelle	Tête à claque.
	Maîtresse de maison.
Marlou	Mac à dames.
Masochiste	Administrateur de self-sévices.
Masturbation	Auto-allumage.
	Caresses de chat.
	Maîtresse d'elle-même.
Mignon	Page à tourner.
Morue	Poule ou poisson.
Mouilleur	Tout le contraire d'un dragueur.
Muse	Voulait se faire baiser par Musset.

N

Nirvana	Pied indien.

O

Onan N'en avait rien à foutre de la postérité.

Soliste.

Promoteur de self-service.

Onaniste Pèche à la main.

Manuel de sexualité.

Opine Branle son chef.

Oreille Se tend quand on l'a dure.

Orgie Licence de transports.

Foire aux cochons.

Grande consommation des sens.

Partie ancienne de Rome.

En chair et en noce.

Orgies Parties sexuelles.

P

Pal Bâton merdeux.

Traverse l'écu.

Siège oriental.

Faisait son entrée par-derrière.

Le moins catholique de tous les pieux.

Pâmoison État du pied.

Partouzard Usager des transports en commun.

Patin Glisse ou se roule.

Pénis Membre influent.

	Auteur de rapports.
	Membre bienfaiteur.
	Membre de l'académie.
Pied	Tel est notre bon plaisir !
Pollutions nocturnes	Homicides involontaires.
Pornographe	Gros cochon.
Pornographie	Rayon X.
	Bas morceaux du cochon.
Prostitution	Transports commerciaux.
	Commerce de proximité.
Putain	Respectueuse de l'œuvre de Sartre.
Pute	Fille vulgaire.

R

Retape	Pêche à la morue.
	Avance à l'allumage.
Retendre	Bander encore.

S

Salope	La Marie du port.
	Bâcle.
Scatologie	Nourrie de matières grasses.
Sex-shop	Station des sens.
Sodome	Un endroit très gay.
Sodomie	Vice verso.

Sodomite	Déviationniste.
Souteneur	Maquereau ou hareng.
	Conducteur de grues.
Spermatozoïdes	Beaucoup d'appelés mais un seul élu.
	Luttent pour la vie.
Stupre	Vice roi.
	Grande bringue.
	Licence ès lettres.

T

Tapin	Gagne à être connu.
	Femme à louer… et à blâmer.
Transsexuel	A enterré sa vie de garçon.
	M'sieur-dame !
Travelo	Cache-sexe.
Travelos	Les dames du Bois de Boulogne.
Travesti	Homme de robe.
	Poulette aux hormones.
Travestis	Jouent aux dames.
Travestisme	Excès homo.
Trottoir	Quai d'embarquement pour Cythère ?
	Chemin des dames.
	Chemin de hélage.
	Banc de morues.
	Base de grue.
Turf	Avec des chevaux ou avec des poules.

U

Uranisme	Rend les hommes gais.
	Rapproche les hommes.
Utérus	Parties de dames.

V

Verso	Derrière de page.
Viol	Entrée intempestive.
	Entrée condamnée.
Violeur	Frappe avant d'entrer.
Vit	Membre actif.
	Membre d'une académie.

Z

Zizi	Bruant mais pas chez Pierre Perret.

Noms propres

A

Aa	Deux fois première en cours de français.
	Cours particulier.
Abel	Le troisième homme.
	Le cadet des soucis de son frère.
	Frère aîné de Lucy.
	Le premier descendu.
Abélard	Fidèle castré.
	A été jugé… coupable !
Abencérage	S'est fait connaître en dernier.
About (Edmond)	Immortel qui parlait du nez et cassait les oreilles.
Absalon	Sa fin est tirée par les cheveux.
Académie française	L'équipe des Verts.
Adam	L'homme à la pomme.
Adam et Ève	Interdits de séjour.
Adélie	Épouse mise en terre.
Agénor	Chaînon entre Libye et Europe.
Agésilas	Battu par Épaminondas, massacré par Boileau.
	A eu un passage dramatique, hélas !

Agnès	Élève d'une école privée.
Ain	Plaqué en premier.
	Jura un peu.
Ajar	Masque de Romain.
Ajax	Héros de la guerre des moutons.
Albertine	Disparue au cours d'une recherche.
Alceste	Plus viril dans la comédie classique que dans l'opéra.
Alcibiade	Élève favori de Socrate mais pas tellement estimé en général.
Alcyon	Oiseau de bon augure.
Alésia	Siège romain.
	A beaucoup résisté aux avances d'un Jules.
Ali	Baba cool.
	Surnuméraire chez les Quarante.
	Feu de Khan.
Alma	Cantonnement de zouave.
Along	Baie jaune.
Altamira	Galeries de peintures espagnoles.
Anastasie	Blanchisseuse nationalisée.
Ancona	Marche italienne.
Anet	Offert à Poitiers.
Angers	Patrie de David.
Anne (sœur)	Mise en observation.
Annie	Hall de cinéma.
Antarès	Étoile rouge.
Antinéa	Vedette ensablée.

Antinoüs Vieux beau.

Antoine Saint et grand résistant.

Antoine de Padoue (saint) Inutile de faire appel à lui pour la recherche du temps perdu.

Apicius Latin de cuisine.

Apis Taureau au soleil.

Apollinaire (Guillaume) Chanteur mal-aimé.

Apôtres Tous en Cène !

Aragon Poète cocoïnomane.

Le feu rouge de la rue de Varenne.

Fan d'Elsa.

Aral Mer supérieure.

Aramis L'abbé de l'épée.

Ararat Haut lieu du débarquement.

Avant lui le déluge !

Aravis Un col avec une chaîne.

Arc (Jeanne d') Héroïne pure saisie et brûlée.

Arcole Pile de pont pour les Autrichiens.

Ardèche Département de la Loire très inférieure.

Aristide Le dernier des aoûtiens.

Arlequin A laissé son manteau au théâtre.

Arlésienne (l') Il y a deux hommes qui l'aiment à la folie mais, c'est dramatique, les autres ne peuvent pas la voir.

Arman Un artiste qui fait des tas de choses.

Accumule même les succès.

Armand Un type qui a de l'aven.

Arnolphe Maître d'école classique.

Ars	Lieu de cure.
Artémis	Vieille sourcière.
Artus	Directeur littéraire de la Table Ronde.
Arvers (Félix)	Poète très confidentiel.
Ascot	Anglaise à paris.
	Les Londoniens y font leurs courses.
Asie	Grand Orient.
Asnières	Reliée au show-biz par téléphone.
Assas	Inconditionnel de l'Auvergne.
Assy	Plateau sanatorial.
Astérix	Le petit Gaulois illustré.
Athos	Mont de piété.
Atlantide	Terrain vague.
Atlas	Voleur de pommes.
	A été condamné à une lourde peine.
Aton	Plein soleil.
Atrée	Tonton terrible.
Atropos	Coupe-fil.
Attila	Herbicide qui se répandait à cheval.
Aubrac	Plateau à fromages.
Aude	Le Onze de France.
Auer	Éclaireur autrichien.
Auguste	Comte ou empereur.
Aunis	Siège de La Rochelle.
Ay	Une des vedettes de la coupe de France.
Aymon	Des fils très résistants.

B

Babar	Éléphantaisiste.
	Éléphant rose.
Babel	Tour du monde.
Bacon	De l'art ou du cochon.
Banco	Impressionnant au théâtre et au casino.
	Spectraculaire au théâtre.
Baptiste	L'homme tranquille.
Barbares	Les Huns et les autres.
Barbe-Bleue	Un époux très conservateur.
	Homme à femmes.
Bardot (Brigitte)	La belle et les bêtes.
	Une des Mariannes.
Basile	Le don de la calomnie.
Bastille	Place de l'opéra.
Bateau ivre	Ne naviguait pourtant pas entre Madère et Curaçao.
Baudricourt	A fait convoyer l'héroïne par des hommes à lui.
Beaumont	L'Éon.
Bécassine	Une bonne partie du Finistère.
	Bonne en dessins.
Benjamin	Tonton dans la Nièvre.
Berezina	Tout le monde en connaît au moins un passage.
Bertha	Femme-canon.
Bismarck	Travaillait pour le roi de Prusse.

Blanche-Neige	Coco-girl ?
Blandine (sainte)	Héroïne pure livrée à Lyon.
Blériot	Don Quichotte de la Manche.
	Coucou, le voilà à Douvres.
Bob	Le petit Robert.
Boileau-Narcejac	Ont été collaborateurs mais n'en ont jamais fait mystère.
Boléro	Inusable en musique.
Bonnat (Léon)	Pompier de Bayonne.
Bossuet	Bénigne mais pas bénin.
	Aigle meldois.
Brabançonne	Marseillaise de Belgique.
Bretonne	Femme de Léon.
Brie	Plateau de fromages.
Brive	Gaillarde citadine.
Bucoliques	Vers de terre.
Bug-jargal	Nègre de Victor Hugo.
Buren	A colonnisé le Palais-Royal.
Butterfly (Madame)	Interprète japonaise de l'œuvre de Puccini.

C

Cadet Rousselle	Partisan de la règle des trois unités.
Cadichon	Mémorialiste né Rostopchine.
Caen	Créatrice de mode.
Caïn	Ennemi public numéro un.

	Même la nuit, il n'arrivait pas à fermer l'œil.
	Le premier à descendre.
	Assassin en liberté surveillée.
Cana	Cité vinicole.
Canaletto	Sa spécialité était la toile de Venise.
Cannes (Festival de)	Affrontement de bandes rivales.
	Cinécure.
Cantal	Le Quinze de France.
Capri	Signe avec une corne.
Capulet	Nom de famille de Véronaise.
Carabas (marquis de)	Matou-vu.
Carlos	A un don pour l'opéra.
Carmen	Gitane allumée.
Carnac	La mégalo du mégalithe.
Carpaccio	À voir ou à manger.
Caruso	Maître chanteur.
Castafiore	Fait des bulles quand elle chante.
Castro (Fidel)	Cigarillero opiniâtre.
	Héroïne espagnole ou coco de Cuba.
Céladon	Vieil amoureux encore vert.
Cendrillon	A quitté son foyer en pantoufles.
César	Bistrot marseillais.
Cézanne	Ses pommes à l'huile sont toujours très appréciées.
C.H.	Plaqué par les Suisses.
Charteris (Leslie)	Père de Saint.
Che	Fidèle de Castro.

Chénier (André)	Un raccourci en poésie.
Cherbourg	A eu des pépins au cinéma.
Chérubin	Page célèbre de Beaumarchais.
Chérubini	Compositeur italien presque mozartien.
Chinois	Mandarin… citron.
Chiron	Centaure sans torts.
Choderlos de Laclos	Officier de liaisons.
Chose	Petit pion
Christmas	Noël en mer.
Christo	Son art n'emballe pas tout le monde.
Christophe (saint)	Compagnon de route.
C.I.A.	Essaim de mouches.
Cid	Enfant de cœur.
Citroën	Ancien marchand de chevaux.
Clair (René)	Enfant naturel des frères Lumière.
Clairon	A dû réveiller les ardeurs de Voltaire.
Clary (Désirée)	Conquête napoléonienne.
Claveau	Pierre ou André dans la chanson de papa.
Clélie	Histoire romaine très précieuse.
Clemenceau	Tigre à grosses moustaches.
Clicquot	La Veuve joyeuse.
Clinton	Bill en tête.
Clovis	Franc mais rancunier.
	A porté la francisque.
Cohl	Animateur de ciné-clubs.
Commentaires	Histoires gauloises.

Conrart Immortel, silencieux et prudent.

Cook Navigateur ou cuisinier anglais.

Corneville Une Normande qui s'est fait sonner les cloches en public.

Corot Faisait très bien dans le paysage.

Corydon Homosexuel emblématique.

Plaidoyer pro-homo.

Coué Avait une bonne méthode, avait une bonne méthode, avait une bonne méthode.

Cousin Germain ou Victor ?

Crau Plat du Midi.

Créon Vieil ordonnateur de pompes funèbres.

Crésus Richard de Lydie.

Cupidon Enfant de l'amour.

Custer S'est montré un peu trop cavalier avec les Indiens et ça ne lui a pas réussi.

Cyrano (de Bergerac) Un cadet était le majeur de ses soucis.

Empêchait de parler du nez.

Parle du nez quand il est enrimé.

D

Dali El Salvador.

Dalton Bande dessinée.

Hors-la-loi ou homme de loi.

Damoclès Il y a un coup de fil qu'il espérait bien ne jamais recevoir.

Homme d'épée.

Danaé	Fertilisée par une bonne pluie.
Dandin (Georges)	Molière le fit cocu.
Danton	Patriote de la tête aux pieds.
Danube	Un beau bleu.
Daudet (Alphonse)	Homme de lettres mais pas meunier.
Dauphinois	Gens du gratin ?
David	Un sacré frondeur.
Davis (coupe)	Prix de court.
Dax	Station de boue.
Dean	James ou Martin au cinéma.
Deauville	Planches de saluts.
De Foe (Daniel)	Naufrageur de la littérature.
Déidamie	Tendron d'Achille.
Delly	Distillateurs d'eau de rose.
Deneuve (Catherine)	Une des Mariannes.
Descartes	Penseur méthodique.
Desdémone	Morte sur un lit de More.
Désiré	Valet de comédie.
Diesel	L'homme et son moteur.
Dior (Christian)	Homme de robes.
	Ancien pilote de ligne.
Don (Paisible)	Cours de littérature soviétique.
Doré (Gustave)	Brillant illustrateur.
Dourakine	Bien connu des enfants en général.
Drieu	Proche de La Rochelle.
Drouot	Général... à vendre.
Dumas (Alexandre)	Tel père, tel fils.

Dutronc (Jacques)	Comme comédien, il a aussi de la branche.
Duke	Titre de jazz.

E

Ealing	Excentrique londonienne.
Eastwood (Clint)	A mis du ketchup dans les spaghettis.
Éden	Parc d'attraction.
	Une tenue correcte y était exigée.
	Jardin privatif.
	Site protégé.
	Paradis pour nudistes.
	Jardin de curé.
Égée	Le vieil homme et la mer.
Égyptiens	Faisaient bander les morts.
Einstein	Le grand Albert.
Eisenstein	S.M. le roi du cinéma soviétique.
Élémir	Juste avant Bourges.
Élise	Sa lettre n'a rien de confidentiel.
	Femme de lettre.
Éloi	Orfèvre côté culotte.
	S'est forgé une sacrée réputation en plusieurs endroits.
Elsa	Regard sur la poésie française.
Elvire	La dame du lac.
Élysée	Demeure au pouvoir.
	Résidence secondaire principale.

Émilienne	De Parme ou d'Alençon ?
Émilion	Saint rouge.
Énée	A émigré en Italie après la guerre.
Énéide	Vieille relation de voyage.
Ensor (James)	Flamand rosse.
Éole	L'homme à la rose.
Éon	Un homme et une femme.
	Jouait souvent aux dames.
	Couple singulier.
	Femme à barbe.
	Femme douteuse.
	Il est singulière.
	Homme de robe ou femme-agent.
	Inséparables.
	Double mixte.
	Couple très uni.
	Aventurier et femme du monde.
	Madame le chevalier.
	Monsieur et Madame.
Epsom	Chantilly à la sauce anglaise.
Erckmann-Chatrian	Collaborateurs notoires au service de Fritz.
Erne	Courant d'Eire.
Éros	Un amour de Freud.
	Désir de psychanalyste.
	L'amour sur un divan.
Érostrate	Tout fou tout flamme.

Ésaü	Passe-droit.
	Pigeon aux lentilles.
Escot	Serge de Brabant.
Ésope	Un homme à fables.
Estaing	Titre de Valéry.
Este	Villa à louer.
Estrées (Gabrielle d')	La poule à Henri IV.
	Sautée à la béarnaise ?
Etna	S'est réveillé en vomissant.
	Bouche de chauffage central.
	Gros fumeur.
Eton	Fabrique de crème anglaise.
	Cité universitaire.
Eugénie	Madame III.
Euler	Vieux Suisse de droite.
Eurasienne	Intercontinentale.
Eure-et-Loir	Du côté de chez Swann.
Euripe	Passe au courant alternatif.
Ève	A couché avec le premier venu.
	Dame de compagnie.
	A démarré en côte.
	Vedette de l'Éden.
	Golden girl.
	Le premier palindrome.
	Parti unique.
	Est arrivée par la côte.
	Poire avec une pomme.

Évhémère	Révisionniste grec.
Evita	Vedette de la politique spectacle.
	Para ou Peron.
Ex	Saint descendu du ciel.

F

Farigoule	Pré-Romains.
Farinelli	Castrafiore.
Faust	A diablement rajeuni.
	Âme damnée de Berlioz.
Fénelon	Cygne qui fut protégé par un aigle.
Fields	W.C. de cinéma.
Figaro	Canard ou merlan.
Finances (ministère des)	Moulin de la galette.
Fleur-de-Marie	Héroïne pure, vendue à Paris au XIXᵉ siècle.
Flore	La fleuriste du café.
Fogg (Philéas)	Homme du monde et même du tour du monde.
Fontenoy	Rencontre trop fair-play.
Fornarina	La fille du boulanger (en version italienne et en couleurs).
Fracasse	Capitaine et homme de troupe.
Freud	Était porté sur le divan.
Fridolins	Frisés sous le casque.

G

Gala	Ex-dirigeante du Salvador.
Gange	Habitué aux bains de foule.
Ganymède	Le vol de l'aigle.
Gargantua	Un des grands de la littérature française.
Gaule	Très vieille France.
Gautier	Marguerite à belles fleurs blanches.
Gavarnie	Vedette de cirque
Gé	Terre d'origine.
Genet (Jean)	Voleur de journal.
Geneviève (sainte)	Fille de la montagne ou des bois.
George (Sand)	Nouvelle Aurore.
Géricault	Son violon d'Ingres n'était pas la trompette.
Germain	Saint en poire.
Germinal	Film noir.
Gervaise	Repasse sur les écrans.
Gibus	Travailleur du chapeau.
Gill (André)	Créateur de lapin au café.
Gironde	Dites : « 33 ».
Gobain	Saint de glace.
Gobi	Un endroit désert.
Godin	Un type au poêle.
Godounov (Boris)	Tête russe spectaculairement basse.
Gordias	Tête de nœud.
Gorgone	Sa coiffure ondulait naturellement.
Gotha	Gratin bien doré.

Graal	Vase pour la quête.
Green (Julien)	Vert sous l'habit vert.
Grouchy	Ce n'est pas le lièvre à la royale mais le lapin à l'impériale qui a fait sa célébrité.
Guebwiller	Fait ballon.
	Ballon captif.
Guenièvre	Madame Arthur.
Guillaume	Tell père...

H

Hanska (comtesse)	Honorée de Balzac.
Harlem	Quartier de grosse pomme.
Hatteras	Cap de Caroline ou capitaine de Jules.
Hector	Valet ou fils de roi.
Heimatlos	Gens sans terre.
	N'a pas remplacé la mère qu'il a perdue.
Helvète	Compte en Suisse.
Henri IV	Chaud lapin à la royale.
	Panaché royal.
Hercule	Travailleur de force.
Himalaya	Gratte-ciel en copropriété.
Hiroshima	Jumelée à Nevers par Duras.
Hô	Oncle jaune.
Holmes (Sherlock)	Vedette sur piste.
Homais	Nom d'un potard !

Hulot	Tonton Tati.
	Oncle incarné.
Hyde	Le mister du Park.

I

Iago	A noirci la dame blanche.
	Pousse-au-crime.
Ibère	Ancêtre d'Aragon.
Icare	Ne volait pas avant son évasion.
	Oiseau rare.
	Self-made-man de l'aviation.
	Homme de plume d'inspiration élevée.
Ida	Mont de dieu !
	Accompagnait parfois Rubinstein au théâtre.
Iliade	Chants de guerre.
	Rapport d'investissement.
Ilion	Ruinée à cause d'un cheval.
Illiers	Centre de Recherche.
	Du côté de la madeleine.
Illiers-Combray	Où la réalité dépasse la fiction.
Indra	Mâle des Indes.
Inès	De Castro pour Guevara.
I.N.R.I.	Légende chrétienne.
Internationale	Tube de coco.
Io	Broute, ma chère !

	Bouseuse bien née.
	N'était pas plus belle à poil.
	A connu l'âge bête assez tard.
	Belle bête.
	Cow-girl.
	A trouvé sabot à son pied.
	Son amant aurait pu devenir cow-boy.
	Habillée de peau de bête.
Iran	État des voiles.
Irène	Son goût du pouvoir crevait les yeux.
Irma	Respectueuse en scène.
	Douce et respectueuse.
Isaac	Enfant de vieux.
Iseran	Col montant.
Iseut	Celtique blonde.
	A trouvé un nouveau look en Sologne.
	Blonde avec philtre.
Isis	Bonne sœur incestueuse.
Islam	Défend tout ce qui est cochon.
Israël	État des lieux (saints).
Italie	Botte de paille à chapeau.
Italiens	Botte people.

J

Jack l'Éventreur	Lame de bas-fond.
Jacques	Double maître.

Jarre Jardinière ou musicien.

Jean-Baptiste Une danseuse lui a fait perdre la tête.

Jeanne Dame ou pucelle.

Jekyll (docteur) Toubib or not toubib ?

Jerimadeth N'est venue au monde que pour se reposer.

Cité par Victor Hugo.

Bidon-ville.

Jivago Docteur ès lettres.

Joan of Arc Héroïne pure traitée aux U.S.A.

Jocelyn A inspiré Lamartine et Godard.

Jourdain (Monsieur) Célèbre prosateur français du XVIIe siècle.

Juan A un don pour séduire les femmes.

Judith Femme en carte.

Juin (maréchal) Avait deux longueurs d'avance sur le général Hiver.

K

Kane Citoyen américain.

Kilimandjaro Un sommet de la littérature américaine.

Knox Fort riche.

L

La Fontaine Fabuleusement populaire.

Lagerlöf (Selma) Guide du petit voyageur en Suède.

Laguiole	Rivale de Thiers.
La Hire	Capitaine ou valet.
Lalo (Édouard)	Musicien de ville d'eaux.
	A noyé ses interprètes sous des flots de musique.
Lamartine	Metteur en ondes poétiques.
Lancelot	Valet joueur.
Landais	Grand échassier du Sud-Ouest.
La Rochefoucauld (de)	François ou Maxime.
Lascaux	Galeries de peintures anciennes.
Latude	S'est fait beaucoup de belles.
Laurent	Saint à la mode.
	Saint de Caroline.
Lautrec	Près de Toulouse ou près de Castres ?
Léa	A eu le même partenaire que Rachel.
Lear	À la fois fou et roi.
	Triste sire.
	A déménagé à cause de ses filles.
Lecouvreur (Adrienne)	Conquête du maréchal de Saxe.
Léda	S'est fait bêtement avoir.
	Placée sous le cygne de l'amour.
Lee	A fait un tabac en Virginie.
	Général de division.
Lemaire	Madeleine... de Proust.
Léman	Eau d'Évian.
Lendit	Quelle foire, mes aïeux !
Léon	Espagnole qui change d'accent en Bretagne.

Lépine	A transformé des poulets en hirondelles.
Lerne	Cantonnement de dragon.
Le Trouhadec (Monsieur)	Quand la débauche le saisit ce fut dramatique, mais pas pour tous les Romains.
Lhassa	Capitale en haut lieu.
Liège	Ville flottante.
Lilliput	A fini par l'avoir son grand homme !
Linné	Grand classeur.
Livingstone	Docteur présumé.
Loch Ness	Nid de serpent.
	Marronnier d'Écosse.
Loire	Cours d'art et d'histoire.
Loire-Atlantique	N'a pas changé de cours mais ne souffre plus de complexe d'infériorité.
Lolita	Enfant de l'amour.
	Jeunesse littéraire.
Londres	On y a fait appel.
Lons	Saunier.
Lope de Vega	Grand constructeur d'autos en Espagne.
Loti (Pierre)	Vert marin.
	Bien ancré Quai Conti.
	La tante du frère.
Lotte	Un amour de Werther.
Louise	Couturière à l'Opéra.
Louis-Philippe	Nettement supérieur à la poire duchesse.
	Le roi de la poire.

Louis XIV	État français.
Lourdes	Ville d'eau.
Lucrezia Borgia	Fille à papa (en v.o.).
Lumière	Éclaireurs du cinéma.
Lusitania	Latino-portugaise.
Lustucru	Père de style nouille.
Lys	Courant d'Aire.
Lysistrata	Avait sur l'amour un point de vue désarmant.

M

Madonna	Sex-cymbales.
Malbrough	Va-t-en-guerre.
Mallarmé	Faunographe poétique.
Mamamouchi	Tête de Turc de Molière.
Man	Un homme à la mer (d'Irlande).
Manhattan	Grosse tranche de grosse pomme.
Manneken-Pis	Chouchou de Bruxelles.
Manon	Fille d'abbé.
Mao Tsé-toung	A fait marcher ceux qui croyaient en lui.
	Est arrivé à pied par la Chine.
	Jaune de col.
	Ombre chinoise.
Marat	Refroidi dans un bain.
Marconi	Chef de poste.

Marianne	Capricieuse mais républicaine.
	Française type.
	Première dame de France.
Marie	Galante chez les Antillais ou salope avec les marins.
Marie-Thérèse	Femme d'État.
	Madame Soleil.
Maritorne	Souillon de culture.
	Chameau en Espagne.
Marius	Fils et oncle de César.
	A eu beaucoup d'histoires à Marseille.
	A baisé Fanny.
Marnes	Coquette ou enrichissantes.
Martin	Patron de bonne coupe.
Mascarille	Valet joueur.
Massenet	Le Jules à Thaïs.
Mathias Pascal	Feu pirandellien pas éteint.
Mausole	Le roi du monument funéraire.
Meaulnes	Un des grands de la littérature française.
Meaux	Nid d'aigle.
Méditerranée	Zone bleue avec des points noirs.
Médoc	Entre-côtes… marchand de vin.
Méduse (radeau de la)	En difficulté sur une mer d'huile.
Meissonier	Pompier au service des militaires.
Mélanésiens	Enfants de Bismarck.
Melba	Elle aimait le grand air et la pêche.
Méphistophélès	Diablement malin pour un chanteur d'opéra !

Mercedes	Espagnole ou Allemande bien roulée.
Messaline	Madame Claude.
Metropolis	Cité par Lang.
Michel-Ange	Maître de chapelle.
Micromégas	Très grand personnage du XVIIIe siècle.
Milo	L'île au trésor.
Minos	Est sorti d'Europe.
	A bêtement été trompé.
Minuit chrétiens	Tube catholique.
Mireille	L'Arlésienne de Gounod.
Mithridate	Tête de Pont.
M.L.F.	Femmes entre elles.
Moab	Fils de son grand-père.
Moko	Pépé Gabin.
Mont Chauve	Un sommet de la musique russe.
Monte-Cristo	L'île au trésor.
	Un des trésors de la littérature française qui s'en va en fumée.
Moreno	Responsable d'une invasion de puces.
Moustiers	Haut lieu du plat.
Murano	Marchande de glace.
Mur de l'Atlantique	Front de mer.

N

Nancy	Lorraine ou Américaine.
Napoléon III	Petit neveu.

Narcisse	Amateur de glaces.
	Beau gosse à la mine fleurie.
Nasa	Lance-fusées.
	Organisatrice de voyages autour du monde.
Navale	Préparation à la flotte.
Néanderthal	Résidence d'un vieil homo.
Nectaire	Saint, mais pas vraiment en odeur de sainteté.
Néerlandais	Van-van la Tulipe.
Néerlandaises	Les filles du Van.
Négus	Plus que ras.
Nelson	Chef de colonne.
Néréides	Compagnie des eaux.
Nerval	Faux aristocrate à la lanterne.
Nesle	Tour en mélo.
	Tour de Bourgogne.
Ness (Eliot)	Poulet à la bière.
Nessos	Centaure mais pas sans tort.
Neubourg (Marie de)	Étoile de théâtre.
Neuneu	Ville en fête.
Neva	Émissaire russe retourné près d'Armand.
Nevers	Ses bottes étaient portées au front.
Niagara	Cours qui s'effondre.
Niepce	Jadis... et Daguerre.
Nietzsche	Philosophe... à vos souhaits !
Nijni-Novgorod	Avant et après Gorki.

Nil	Vert… d'eau.
	Lit de Moïse.
Nimbus	Professeur de dessin.
Nini (Peau-de-Chien)	Née à Montmartre et morte à la Bastille.
	Opéra à la Bastille.
Nitouche	Patronne de confection.
N.K.V.D.	Rousse à la russe.
Nobel	Prix très élevé.
Noé	S'est embarqué dans une sacrée aventure.
	A été appelé à la barre.
	Capitaine de réserve.
	Metteur en ondes.
Noël	Père de chaussures.
Norma	Gauloise grillée à l'Opéra.
Nosferatu	N'aimerait pas que l'on se fasse du mauvais sang pour lui.
Nostradamus	Poète futuriste.
Noyon	Cité parmi les palindromes.
Nucingen	La maison de Balzac.

O

Océanides	Vedettes de la flotte.
Octave	Feuillet de littérature.
Odet	Lit breton.
Odette (de Crécy)	Cocotte en papier.

	Demi-mondaine très recherchée.
	La dame aux catleyas.
Odilon	Proche de Redon.
Œdipe	Qu'il fût l'assassin, cela crevait les yeux.
Ogier	Valet danois.
Ogino	Japonais méthodique.
Ognon	Ça ne fait pleurer personne s'il se jette dans la Saône.
Ohm	Allemand de la résistance.
Olive	Complice de Marius.
Olivier	Rameau ou Messiaen.
Olympio	Tristement célèbre en poésie.
O.M.	Idole phocéenne.
Omar	Plutôt à l'orientale qu'à l'américaine.
Omo	Cours fréquenté par de très vieux homos.
O.N.U.	Multinationale en difficulté.
	Amitiés particulières.
	Juge de paix.
	Tour de contrôle.
Ophélie	L'amante à l'eau.
Ordoner	A changé à Austerlitz avant de se retrouver dans la rue vers Montmartre.
Orestie	Son héros vit dans trois pièces.
Orient	Est pour l'Europe.
Orient-Express	A servi de cadre à l'un des travaux d'Hercule.
Orly	Frère aîné de Charles de Gaulle.
	Les vols y sont très fréquents.

Orsay	Ancien directeur des Beaux-Arts, mais pas chef de gare !
Orsay (musée d')	Gare à la peinture.
Oscar	Frère aîné de César.
Osiris	Divisé par Seth.
Osques	Italiques.
Otello	Jaloux de Verdi.
	Chanteur noir.
Otéro	Caroline chérie.
Othello	Sombre jaloux.
	Le cocu imaginaire.
	More à Venise.
	Brun vénitien.
	N'a jamais pu pâlir de jalousie ni rougir de colère.
Our	Plus importante que chez Hugo mais c'est la même.
Oye	Mère de Charles Perrault.

P

Pactole	On a dû lui faire des ponts d'or !
Padoue (saint Antoine de)	Tout n'est pas perdu, il suffit d'y croire.
Paname	Paris de Parisiens.
Pancho	Villa au Mexique.
Pandémonium	La plus infernale des capitales.
Pandore	Propriétaire de boîte

Pantalon	Vieil avare italien à qui Géronte doit quelque chose.
Panthéon	Lieu de repos bien mérité.
Parmesan	Mazzola mais pas gorgonzola.
Passy	16e sur 75.
Pasteur	Homme du ministère ou homme de l'Institut.
Pavlov	Type de réflexes.
Pégase	Dada pour Tzara ?
Pentateuque	Vaut cinq livres.
Pépin le Bref	Court royal.
Perec (Georges)	Homme de lettres (moins une).
Persée	Fils de la pluie.
Pétaouchnock	Quelque part, très loin.
Petiot	Docteur ès crimes.
	Innocent ou criminel.
Phaéton	Finalement recalé au permis de conduire.
Phénicie	Pays d'Europe.
Philémon	Vieux de la vieille.
Philomène	Sainte farce.
Phi-Phi	Grand sculpteur qui a fait fortune dans l'opérette.
Pic de La Mirandole	Un sommet dans la culture.
Pinay	Nom d'emprunt.
Pô	Producteur de riz amer.
	Un peu de pognon mais beaucoup de liquide.
Poilâne	Gagne son pain avec ses miches.

Pol Patron de Léon.
Polichinelle N'a de secrets pour personne.
Pompadour Poisson à la royale.
Ponson du Terrail Le plus rocambolesque des romanciers.
Pont Aven breton.
Popeye Le costaud des épinards.
Pott Homme de mal.
Précieuse Pierre ou Cathos.
Presley (Elvis) Roi de Memphis.
Promenade des Anglais Very Nice.
Prusse État bleu.
Prytanée École de quartier.
Puget Pierre de taille.
Pulcinella Polichinelle dans le terroir.
Pygmalion Amateur d'art vivant.
Pythie Était en avance sur son temps.

Q

Quai des Orfèvres Clouzot y a montré son adresse.
Quatre-vingt-treize Des chiffres dans les lettres.
Quiès A les boules.

R

Râ Faisait suer Cléopâtre.
Ce n'est plus lui qui réchauffe les Cairotes.

Rabelais	Épicuré de Meudon.
R.A.F.	A distribué beaucoup de bombes à raser.
R.A.I.	Chaînes italiennes.
Raimu	Jules mais aussi César.
Raon	Étape facultative.
Raspoutine	Moujik en tête.
R.A.T.P.	Ses transports sont tarifiés.
Ré (île de)	Il suffit de passer le pont.
Réaumur	Jumelé à Sébastopol.
Reims	Le pays du Sourire.
	Étape royale.
Remus et Romulus	Anciens louveteaux.
Renart	Héros de Roman.
Reni	Guide d'Italie.
Reno	On s'y délie très facilement.
Rhin	Cours de l'or pour un Richard.
	Cours mixte.
	Cours d'opéra.
	De l'eau dans le verre de Musset.
Rif	La guerre du feu.
Rintintin	Cabot cabot.
Rio	Vedette de la danse.
Rip	Réveillé en musique.
Rivera (Diego)	Peintre en bâtiment au Mexique.
Roanne	Gare à la bonne cuisine.
Robespierre	Le pays de Bidasse.

Robin	Homme des bois ou homme des lois.
Rocroi	Piquette espagnole consommée dans les Ardennes.
Rodrigue	Garçon d'honneur.
Rohan	Cardinal déboussolé.
	Pigeon à collier.
Roi d'Ys (le)	Opéra dans les eaux.
Rois fainéants	Francs dévalués.
Roland-Garros	On peut s'y attendre à bien des revers.
Roméo	Fils de famille arrivé en haut de l'échelle.
Roquevillard	Une grande famille de Bordeaux.
Rosine	La belle de Séville.
Rossinante	Dada en littérature.
Rossini	A écrit des notes pour le Figaro.
Rubicon	Cours du sort.
Rude	Interprète de la Marseillaise.
	Travailleur à l'Arc.
Rummel	Difficile de lui couper la gorge en Algérie !
Rungis	Base d'alimentation.
Russie	Pays de montagnes.
Ruth	La Moabite à Booz.
Ruy Blas	Valet de cœur.

S

Sabinus	Vieux gauliste entré dans une longue clandestinité.
Sacher-Masoch	S'est donné beaucoup de mal pour écrire ses livres.
Sade	Licencieux ès lettres.
Saëns	Saint de bonne composition.
Sage	Charles V ou Ferdinand VI.
Saint-Charles	Gare aux Marseillais.
Saint-Esprit	Tour-opérateur.
Sainte-Victoire	Un sommet de la peinture française.
Saint-Ex	La plume et les ailes.
Saint-Germain	Comte fantastique.
Saint-Germain (faubourg)	Quartier de noblesse.
Saint-Martin	Mis à la porte de Paris et exilé aux Antilles.
Saint-Ouen-l'Aumône	Devrait être jumelée avec La Charité-sur-Loire.
Saint-Sébastien	Pour vous y rendre, suivez les flèches.
Saint-Simon	Rapporteur à la cour.
Saint-Tropez	Port de vedettes.
Saliens	Francs belges.
Salluste	Un don pas sympathique de Victor Hugo.
Salut (îles du)	Gardiennes de prison à la retraite.
Samain (Albert)	Producteur de vers de vase.
Sambre-et-Meuse	Cours de marche.

Samothrace (Victoire de)	Comment aurait-elle pu voler au Louvre avec toute cette surveillance ?
Samson	Fort de Gaza.
San	Sacré Francisco !
Sand (George)	S'est fait un nom en coupant la queue de son Jules.
	Aurore berrichonne.
Santa-Maria	Caravelle long-courrier.
Saône	Lyonnaise des eaux.
Sarah	La merveille des mères vieilles.
Sarcey	Francisque à une époque critique.
Sargasses	Prés salés.
Sartre (Jean-Paul)	Mâle du Castor.
	Philosophe français qui avait un œil sur la littérature et un autre sur la politique.
	Philosophe louche.
Satan	Conduit le bal.
	Maître de bolets.
Scarface	Bande de gangsters.
Scotland Yard	Rousse anglaise.
Scudéry (Madeleine de)	Précieuse cartographe.
S.D.N.	Vieux machin.
Séide	Omar l'a tué.
Seigneur	Personnage de tragédie.
Seine	Cours de poésie pour Apollinaire.
	Parisienne au courant.
Seine-et-Marne	Total : 77.
Sganarelle	Molière l'a fait cocu.

Shirley	Temple du cinéma, mais de petite dimension.
Siam	Pays frère.
Sicambre	Franc ancien.
Sido	Haut de gamme en littérature.
Sienne	Italienne à l'ombre.
Silhouette	Ancien ministre resté dans l'ombre.
Siméon	Ornement de colonne antique.
Sissi	Produite en série par Schneider.
	Impératriste.
Sisyphe	Condamné aux travaux forcés par roulement.
Sixte IV	Maître de chapelle.
Soissons	À l'origine du « vase brisé ».
Soldat inconnu	Feu avec flamme.
	Anonyme mais très célèbre.
Solness	Constructeur de théâtre norvégien.
Sologne	On peut l'admirer dans *L'Éternel Retour* et dans *La Règle du jeu.*
Sosie	Bonne réplique de théâtre.
Soulier (de satin)	Pompe théâtrale.
Sous-le-Vent (îles)	Petites Antillaises.
Spa	Mauvais pas.
	Dassin en aurait fait un ferrailleur.
Stakhanov	A beaucoup travaillé à la cause stalinienne.
Sud	Cardinal esclavagiste.
Sudiste	Fils de Virginie.

Sue (Eugène)	Guide des bas-fonds de Paris.
Suétone	Collectionneur de Césars.
Suger	Restaurateur de Saint-Denis.
Suisse	Homme d'État ou homme d'église.
	Nid de coucous.
	Abri de fortune.
Suissesse	Telle Tell.
Sully	Monsieur Prudhomme, poète.

T

Tagore (Rabindranath)	Indien à plume.
Talma	Homme de troupe sous Napoléon.
Tannhauser	Chanteur wagnérien.
Tarn	Encaissé en 81.
Tartempion	Machin.
Tass	Soulignait les informations en rouge.
	Source filtrée.
Tati	Scheff de bandes.
	Mon oncle Jacques.
Tatin	Célèbre mais très tarte.
Tatum	L'Art du jazz.
Tchernobyl	Centrale pour condamnés à mort.
Telemark	Virage glissant.
Tell (Guillaume)	Tireur d'élite.
	Piqueur de pommes.
Tellier	Maison de Maupassant.

Teresa	Bonne mère.
	Mère courage.
Teste	Edmond Valéryen.
Texan	Homme d'État américain.
Thaïs	Alexandrine de France.
	Courtisane de France.
Thalie	Directrice de théâtre.
Thélème	Ancienne maison de tolérance.
Théramène	Usager du tunnel.
	Correspondant de guerre classique.
Thésée	Le fils d'Aethra et de Poséidon.
Thespis	Le premier à offrir une tournée.
Tigre	L'arroseur de Bagdad.
Times	Temps de canard pour les Anglais.
Titanic	Grand bâtiment entièrement sinistré.
Tite	Plus cornélien que racinien.
Toinette	Médecin imaginaire.
Tom	Un chat animé de desseins belliqueux.
	Tonton noir.
Toscan	Macaroni à la florentine.
Toscane	Terre de Sienne.
Toulouse-Lautrec	Un maître… cinquante-deux !
	Grand nabot.
Tour de France	Le supplice de la roue.
Trafalgar	Front de mer.
Trianon	Le petit n'a rien à voir avec les Folies-Bergère.
Trianon (Petit)	Folie royale.

Triboulet	Fou de théâtre.
Trinité	Sainte alliance.
Triolet (Elsa)	Coco-bel-œil.
	Russe d'Aragon.
Troyon	Vachement inspiré en peinture.
Tulle	Aurait pu être jumelée à Gaza.
Turc	Fort, mais pas de France.
Tweed	Cours de la laine.
Tyrol	Fameux pour l'air de ses montagnes.

U

Ubu	Souverainement emmerdreur.
	Plus original que Cambronne.
	Roi de la politique spectacle.
Uderzo	Humorix graphix.
Ulster	Préférable à la capote anglaise ?
Union	Jack au bout du tunnel.
U.N.O.	Palindrome bilingue.
Ur	À la droite du Seigneur.
	La fin du jour.
	Ici repose...
	S'était endormie près de Booz.
Uranie	Muse à lunettes.
Uranus	Ciel de Grèce.
Uri	Compte en Suisse.
U.R.S.S.	André Gide en est doublement revenu.

	Disparue dans une implosion.
	Feue rouge.
U.S.A.	Virginie, Caroline et les autres.
	Grand ensemble américain.

V

Valmy	Bataille de la Marne.
Vania	Tonton de Russie.
Vatel	Perdant de la marée.
Vatican	Cité en capitale.
	État urbain.
Vauban	Homme fort.
Vénus de Milo	Belle étrangère bien installée à Paris.
Vérone	A eu des amants très jeunes.
Vian (Boris)	S'est dissimulé pour cracher.
Vidal de La Blache	Un as pour les cartes.
Vilmorin	Madame de… à la mairie de Verrières mais Louise pour les intimes.
Vinci	Célèbre metteur en Cène.
Viollet-le-Duc	Un grand restaurateur de Saint-Germain-des-Prés.
Volta	Physicien éclairé.
Vosges	Zone bleue.
Vulcain	Maître de forges.

W

Walewska (Marie)	Conquête napoléonienne.
Wellington	On a répondu très grossièrement à sa demande de rendez-vous !
West	Cardinal et écrivain anglais.

X

Xanadu	Pour un Khân ou pour un Kane.
Xanthippe	Poison violent pour Socrate.

Y

Ymir	Grand froid.
Ys	Ses bâtiments font depuis longtemps partie de la flotte bretonne.
	Bretonne liquidée.
	Ville d'eaux.
Ysaye (Eugène Auguste)	Archet du roi (des Belges).
Yser	Fleuve de sang.
Yvan	Gréco-russe pour l'état civil.
Yvette	Fait monter le cours de l'Orge.

Z

Zeppelin	Vedette du ballon ovale.
Zoé	Arrivée pile.
Zola (Émile)	Avocat d'affaire.
	Accusateur public.
Zorro	Un héros marquant.

Dans la même collection

Le Dico de l'amour et de la sexualité
Anne Débarède et Jean-Jacques Santiveri

Le Dico de l'argot fin de siècle
Pierre Merle

Le Dico des musiques
Jean-Marie Leduc

Le Dico des mots-caresses
Marie Treps

RÉALISATION : PAO ÉDITIONS DU SEUIL
IMPRESSION : BUSSIÈRE CAMEDAN IMPRIMERIES
DÉPÔT LÉGAL : OCTOBRE 1997. Nº 29900 (1/1681)